超簡單的圖像易經

張易、佘屏鳳／著

1 乾爲天
能量無限、積極、開展
主導、陽剛、
主宰一切的無比力量。
16 雷地豫
做好準備、把握時機：
預先做好規劃，
必能成功。
17 澤雷隨
隨遇而安、隨心所欲、
跟隨、隨和。
26 山天大畜
累積能量、
儲蓄、大收穫。
37 風火家人
和諧、家人相處融洽、
親密、關愛。

引言

基於筆者多年的研究和教學經驗，以及對潛能開發和圖像記憶法的深刻理解，我們於2008年創造了一套易經六十四卦圖卡（亦稱易經啓示卡）。這套圖卡設計簡潔直觀，使易經的智慧變得容易理解。對於易經的初學者而言，這套圖卡能讓他們在短時間內深入掌握64卦的精髓；而對於已經學過易經的人來說，圖卡和圖解使記憶變得更加容易，從而更好地應用於解答人生的各種問題。

讀者在閱讀本書並研究這套圖卡之後，必將對易經有一種新的認識和體會，豁然開朗。然而，可能會有讀者好奇，爲何這麼有用的工具不作爲書籍的一部分隨書附送。這背後有我們深思熟慮的原因。

易經的學習不僅僅是理解其智慧，更重要的是掌握易經占卜和諮詢的技巧。不當的解析可能帶來不利的後果，因此對易經的正確理解和占卜技巧的精準掌握至關重要。

爲了傳遞純正的易經概念和正確的占卜方法，我們鼓勵有興趣的讀者深入學習易經。通過我們設計的正式課程，學員不僅能學到正確的理念和技巧，還能獲得專屬的易經啓示占卜卡，幫助自己及他人解決生命中的難題，創造更多幸福。

歡迎蒞臨我們的網站獲取更多信息：www.bdb.tw

——張易老師易經教學&斜角巷學堂

關於張易（章魚老師）

因家學淵源，六歲閱讀《易經》，從小對中國古老智慧書《易經》耳濡日染。迄今已學習、研究《易經》三十年，獨創「易經哲學數位教育系統」。目前致力於推動《易經》哲學普及與現代科學化教學。「易經管理」是以《易經》邏輯爲出發點的一種易懂、簡易、獨特、有效的學習方法和共用平臺。它以博大精深的易理爲基礎，幫助人們正確處理人生各個階段遭遇的瓶頸；協助企業領導人解決策劃、管理、經營等各方面遇到的疑難問題；對於人類探究宇宙萬物及生命歷程的奧祕也有指導作用。易經管理研究最核心、最本質的東西是易經邏輯的哲學原理，而易經管理則是一個可以快速掌握的簡易、創新、整合的預測控制技巧和方法，人們可運用它有效地解決自己的問題。

結合研究與實踐，十多年來，張易用自己深入研究易經管理的成果，編寫了多種教材，有人生易、領導易、談判易、策略易、人性診斷易、占卜易、企業診斷易、企業管理易、易經大百科等。開設了《易經》系列課程及相關諮詢專題。《易經》課程的學習充分激發了學員的潛能，使他們的生活變得更爲成功；接受輔導的企業，競爭力也大大增強……令人信服的成功事實，驗證了易經管理原理獨具的創造性、科學性和實用性。

宇宙萬物及現實生活中的人事物通通是數位世界，即萬事萬物都由最基本元素1和0組成，人的大腦、邏輯思維也要訓練，活化、調整、開啓成爲數位化思考模式。即當自己本身優劣勢和外在環境順逆變化起伏時，就要「數位化調整」自己的情緒、思維，來因應環境陰陽的改變。

章魚是地球上最數位化的生物，他會隨著所處環境顏色、形狀改變自己的顏色和軀體型態，以適應環境和達到自我保護目的。人的一生要面對無數挑戰，要適應學校、工作、家庭等環境，如果人人可以拋除僵化、呆板思想，能隨環境機會、威脅，起伏、順逆、得失「數位化」調節情緒、想法、作法，自然可以適應並排除生命中所有難關。

章魚隨環境自我數位化調節，和大自然、生存環境合爲一體，這和易經「變」的思想相近，易經六十四卦、三百八十四爻的變化，就是在引導世人，要隨著內外在條件變化，適時調節、抉擇陰陽變化，六十四卦就代表六十四種變化，強調面對人生各項抉擇不能死守一種想法、對策，要隨時空、人事物變化適時做出回應、轉變。面對工作、事業、人際、投資、家庭關係……都要隨人事物變化調整想法、作法，才能自在、勝任、適應、無入不自得。

「章魚有多元能力、多元智能。每個人擁有多元能力及智能即代表全腦開發。全腦開發的人可以創造快樂與財富。」而本公司的成立宗旨，就是將傳統《易經》現代化、科學化、圖像化，藉由闡揚《易經》的生活智慧，促進全腦開發，提昇心靈素質，讓每個人都能享受幸福自在的生活。

全腦開發：

四種動物，代表開啓四種潛能，提升競爭力，當然可以擁有快樂和財富、創造幸福。學習成效、人際關係、工作競爭力……都順暢自在。

養成四種個性、豐富生命。木（猴子）：創新的智慧；火（暴龍）：向前衝的傻勁；金（蠻牛）：堅強的毅力；水（綿羊）：和諧的人際關係。

序

中國古老《易經》智慧博大精深，歷久彌新。

幾千年來，人們把《易經》的原理及邏輯廣泛運用到政治、經濟、軍事、天文、地理、歷史、人文、科學、哲學等領域中，對中國文化的發展產生了極其重大而深遠的影響。中國歷代政治家、思想家、軍事家和謀略家也從《易經》汲取智慧，並將其成功地運用到經世治國之中。當今，《易經》這門學問更受到世界各國菁英青睞，其原理被多元應用到社會的各個領域中，大放異彩。

量子力學領域

量子力學中有一條很重要的定律爲「測不準定律」，即人們無法測準一切。其含義則是任何物件都無法精確算出它在某一時間和位置的動量。動量不固定，則速度就不確定；速度不確定，就不能預測其將來的行經路線。

量子若隱若現，有時是物質，有時是波動；時而消失無蹤，時而出現在人們想像的地方；有時是靜能，有時變成動能。簡單說；量子有時是陰（０），有時是陽（１），變化不止，並非永遠固定不變。

仔細觀察，人們發現到近代量子物理學理論與中國《易經》陰陽五行數位元模式（即二元論「１」與「０」）十分相似。緣此，量子力學創始人丹麥物理學家寶雅在被封爲爵士時，就佩戴了一枚易經太極圖案徽章，象徵量子力學中的中西合璧意味。

二進位理論

二進位與微積分發明者，德國大數學家萊布尼茲從德籍神父白進德處得到一本《易經》，他從數位易經六十四卦的變化中發現了陰陽二進位的奧祕，使二進位成爲電腦科技、生化工程發展的根本。二進位使人類的思考、言行、生活模式等發生了極大變化，醫療、科技發展、數位教育、通訊、網際網路、商業交易、經營管理、國防、國際互動……的發展也與以往截然不同。

這種從「原子」式思考跳躍到無遠弗屆的「數位」式思考，的確是拜微積分和易經二進位思考法所賜。無怪乎萊布尼茲說：「伏羲氏握住了文字、數學、科學的鑰匙。」他甚至預示人類思想可跳過文字，直接用數理、符號來表達。萊布尼茲坦誠易經對他有著非常重要的影響。萊氏揭示了《易經》的神奇與奧祕，讓外國人得以初步瞭解博大精深的中國神祕《易經》，更激起各個領域的科學家熱烈投入易經研究，賦予易經新的發展和新的生命。二進位已是世界現存的、最具科學價值的數位符號。

美國太空總署利用易經原理發展太空科技，太空總署裏庫藏了很多易經書籍，甚至總署標誌也用了太極圖案。

德國大哲學家黑格爾研究易經多年，他在論著中清楚論證了易經對立融合的特性，架構的正（陽）反（陰）合（融合）的辯證邏輯定理。

「易經」原理是如今唯一可表達數位化思辨的抽象

符號。愛因斯坦的「相對論」基礎也在於此；眾多的數學家、物理學家、天文學家也證實了此現象。我們可以用易經的思維模式，將宇宙萬物所有的變化數位化。

出現於本世紀最新、最重要的行業——數位化資訊網路和生化科技，也是由原子化有形思考進入數位化時代的。網際網路科技和生化科技得以蓬勃發展，仰賴電腦的數理邏輯：二進位思考法，即易經的陰陽數位概念。

人類的DNA圖譜密碼，也是以數位化的模式呈現，就從簡單的「1」與「0」兩個元素，不斷交叉組合而成六十四組基因碼。

數位化易經

一部極簡單的《易經》，運用它卻可以出現千變萬化，這對現代科學的啓發效果十分卓著。數位就是二進位：「數」非「1」即「0」、非「陰」即「陽」、非「有」即「無」、非「男」即「女」、非「對」即「錯」。「位」則是「進位」，「1」與「0」的交替變化，產生位元關係，如2、4、8、16、64、128……直至無限位元。宇宙構成基礎是「1」和「0」，「1」與「0」交叉變化構築萬人、萬事、萬物的宇宙世界。

宇宙所有人、事、物的變遷與分類，都可數位化。人們用數位變化來解釋說明宇宙的複雜多元變化。人們的身心、言行以及各個學科都可以一個數位元化模式來呈現。所以，我們瞭解了易經數位智慧，就有了掌握天地萬物奧祕的能力。人腦與電腦一樣，能把文字、聲音、圖像乃至萬事萬物，分解為「１」和「０」，再由「１」和「０」組合成大千世界的萬物。電腦語言只需要用「１」和「０」，就是這個道理。

《易經》是「世界最早的電腦」，也是「闡述數位科學的經典」，從其中的六爻和六十四卦中，很容易能找到相關數位訊息的所在位置。在書中，我們從解析卦詞的意義（解碼、轉譯），去學習怎樣掌握宇宙萬物變化的奧祕。

數位位元是以光速傳輸的最小資訊傳遞單位，它沒有大小、顏色、性別等差異。它包括「１」或「０」、陰或陽、開或關、大或小、有或無、黑或白、遠或近、快或慢……除能把數字、聲音、圖像、表格、符號、文字等簡化為「１」與「０」的組合外，它還能把訊息資料數位化後，以光速傳送到世界任何地方，有效打破了時空限制。

位元能任意混合，也可以同時分別被重複使用，它融合聲音、影像、文字資料於一體，成為多媒體。因為所有元素都是由最基本的位元「１」與「０」組成，所以能和諧相容一體。電視節目、電腦資料被轉換成為「１」與「０」後，彼此相容，人們從中擷取、篩選，然後排序、分類、編輯，就輕易從新聞影片和網路資料中得到我們需要的訊息。

家用電器數位化後也更加適用與便捷，如冷氣、電視、洗衣機、微波爐的啓動與停止，均能用電腦數位元指令得到控制，既方便又安全。數位化的革命讓政府、企業、家庭、個人的工作和生活更加方便。購物、付款、訂票、繳稅、通訊、數位學習、虛擬旅遊等，即使不出門，在家就能全部辦妥。這是數位化創造出來的奇蹟。從這個意義上說「易經」是科學，即數位化科學。易經的原理是數位世界的縮影，是現代生物基因組合科技和網際網路的始祖。

人的思維數位化，就是：把具不同特色的文化與思想數位化，使之和諧相容。也讓我們能品味到世界不同文化的豐富與差異，而不是讓不同、差別造成隔閡與對立。

數位元化學習模式就是：任何學科的組成都能夠被分解爲「１」和「０」，各學科相容相通，進而激發彼此之間更大的融合和智慧，而非讓矛盾激化。

還可用數位變化來認識和理解宇宙的多元變化，辨識人類生命各個層面的變動及轉化。人腦結構也是如此，人腦神經運作及學習能力也能數位化。如比爾蓋茲的數位神經體系，就是將人類數位化思考、運轉的模組，活用在電腦及資訊管理上。

中國古老智者發現世界萬物演化的規律歷程，將其歸納爲宇宙變化的簡易模型，即「１」與「０」兩個元素符號的交叉組合，構築起了易經的邏輯思維系統。

《易經》歸納出來複雜萬物的簡易變化模式，再以它爲基礎來作進行占卜程序，推估演繹萬事萬物變化的軌跡，預測未來。

占卜工具及技術預先揭露未來事物的變遷路徑，人人可以據此，提前研判分析、指引生命的方向，排除困惑、疑慮，縮短思考和決策時間，大大提高了人類處理事物的效率。

《易經》六十四卦、三百八十四爻的交叉資訊庫，代表萬物萬事訊息的分類系統。透過占卜，連結過去已經發生、現在正在發生、未來即將發生的訊息與變化，清晰呈現事物的狀態與變化，從而讓人們預先瞭解世界、瞭解萬事萬物，進而掌握事物發展的規律與方向。

事實證明，占卜對於引導決策有重要參考價值，它是預測未來的有力輔助工具。占卜過程中，可以瞭解、認識事態發展的道理、軌跡，並以理性、科學的思維方式加以推理、剖析，掌握更豐富多元的訊息，尋求最佳處理方案。

《易經》占卜是一門預測學，任何統計學、預知學都有「準」與「測不準」的可能性和問題。預測，只是根據科學定理對事物發展脈絡、變化最高機率性做出推斷，不是每次都百分之百正確。占卜一樣會有失誤，千萬別過於「迷信」占卜的結果。

宇宙是數位的。自然、人類、社會、政治……通通都是數位的，掌握易經的數位奧祕，就可以掌握萬事萬物變化的軌跡。

「易經」的智慧能快速促進社會的進步和人類心智的進化，是全人類的共同瑰寶，非常值得發揚和推廣。但在二十一世紀的今天，古老智慧寶典更應該被賦予新的生命、新的形象。本書使用輕鬆、活潑、有趣、科學及現代化的方式來呈現。秉承這個信念，我們特別使用創新的——圖像化方式——來表現，透過藝術表達，以期能讓更多對易經感興趣的朋友，更容易掌握易經占卜方法，用愉悅的心情來品味這部千古奇書。

在此，我們特別感謝所有協助我們的朋友。

圖像化《易經》啟示占卜卡的誕生故事

被儒家尊爲五經之首的《易經》，是中國最古老的文獻之一。它的內容雖然簡短，六十四卦卻能解釋世間萬物的一切變化，並推估其變化的軌跡。也因此，從古至今有不少人前仆後繼地投入研究，企圖藉此掌握宇宙的奧秘與未來的吉凶禍福。

文言文的《易經》，理解難，背誦更難

可是對現代人而言，以文言文寫成的《易經》不僅難以理解，在背誦上亦屬高難度的挑戰。許多學習者總在反覆記誦的過程中，磨損掉原本對《易經》所抱持的熱忱，而這也是筆者自二十歲起開始從事《易經》教學以來，極欲克服的障礙。

「在教學過程中筆者一直有種困惑，因爲我教的沒人聽得懂。當時我教的是文言文，而且偏向理論和大道理，所以學生聽了就忘。」筆者回想當時：「二十六歲時我遇到瓶頸，於是開始思考有沒有讓人一看就懂的教學方式，也因此費了許多時間摸索。到了三十歲左右，大腦開始浮現圖像，可是我還沒想到可以把這些東西畫成圖。」

從構思到完成，花了十年才將六十四卦做成圖像占卜卡。筆者發現圖像的學習是最有趣、最不會產生排斥的，而且和學習者的年齡也無關，誰都可以學習。再者，圖像是無國界的。中文，老外看不懂；文言文，懂中文的人也

不見得能看懂。可是看到圖像的結構、色彩和感覺，所有人一下子就懂了。

開始以圖像教學法強化《易經》的學習效果

右腦掌管的圖像屬於長期記憶，看過之後很難忘掉。如果死背卦義，隨著時間的推移、年齡的增長，文字的記憶很快就會消除。若能以圖像來詮釋六十四卦，等於把深奧難懂的學問從邏輯層面轉換至圖像層面，如此一來每個人都能藉由圖像與卦義進行聯結。「例如『天山遯』，就畫天和山，把這些元素整合成一個圖像，然後展現出『天山遯』的意境。」這套圖像卦解的教材引起學員們極大的迴響，竟然有人不到一天就把六十四卦全部背起來了。

虛擬人物「張小易」躍上占卜卡擔任傳道分身

筆者一直在構思如何讓占卜卡更具生命力。苦思中，忽然領悟到，如果占卜卡的牌面都只是天、地、水、火這些圖案的組合，似乎無法很傳神、貼切地帶出一個故事的情境，而《易經》要解決的多半是「人」的問題，因此塑造出「張小易」這個虛擬人物，讓他貫穿六十四個故事。換句話說，人生旅途中可能遭遇的諸多經歷，張小易已經早一步參與其中。

透過占卜卡的牌面圖像，張小易娓娓道出人生中的六十四種際遇，就像一位見過大風大浪的智者，快樂、痛苦、喜悅、悲傷，他全都經歷過了。他明白一切只是過程，即便他曾面對「坎爲水」、「澤水困」、「水山蹇」、「水雷屯」等「四大難卦」的困境，他依舊走過了那些經驗，所以你也可以和他一樣解決生命中的所有難題。可以說，張小易的「現身說法」使《易經》變得生活化，同時也順利拉近了《易經》和普羅大眾的距離。

現在多了張小易這個負責傳道解惑的『分身』，也克服了文字的界限，今後推廣《易經》將會容易許多。」

每個人的心中都有一個「張小易」

頂著一顆人頭的張小易，其實正是筆者本人的Q版肖像。然而Q版肖像除了可愛討喜，在設計上還有著另一層深義。有一些《易經》老師會把『四大難卦』講得恐怖萬分，彷彿遇上了這些卦不死也去掉半條命。可是把他畫成Q版圖像，讀者就會覺得事情也沒那麼嚴重嘛！只要面對凶卦並且研究對策，就可以把它處理掉了。張小易都走過了，所有人當然也能撐過去。更何況最困難的情況都經歷了，表示未來只會越來越好。

張小易彷彿是引領我們經歷生命中所有困境的守護天使，有他陪伴我們撐過象徵阻礙重重、寸步難行的三十九卦「水山蹇」，我們才能進一步來到象徵一掃陰霾、活力倍增的四十卦「雷水解」。如果他沒有撐過凶卦，就不可能有後面的吉卦。因此抽到凶卦時無須害怕，因爲我們知道張小易也曾經歷這一切，而且他走出來了，現在過得很好。即便他走到了六十三卦的『水火既濟』和六十四卦的『火水未濟』，他也會從頭開始，再次面對生命的多種面貌。」

有了這套圖像占卜卡，未來學習《易經》將不再有文化和學習上的隔閡，所有人都能根據《易經》，輕鬆學習生命中的六十四種智慧，解決生命中的六十四種難題。六十四卦就像六十四種決策模組，足以解決在生活、投資、理財、人際、談判、業務推廣……等各個領域所面臨的困境，以下就是幾個典型的應用實例。

《易經》圖像占卜卡的應用實例

某甲年過三十五，對自己的職涯規劃茫茫不知所措。他想走公職之路，卻不知是否合適，於是以此問題占得二十三卦「山地剝」。

由占卜卡的牌面圖像看來，背著書包的張小易正行經一棟民宅，民宅後方的山坡因土石不穩定導致坍方，大量土石斷斷續續掉落至地面。此卦象顯示，不穩固的

岩石只要讓它落下，山就能重回穩定狀態。寓意事物若已毀壞殆盡，則不必勉強補救，只要撐過此一時期，待汰舊換新完成，一定能重見生機。

依此卦象分析，從事公職應該不是他的志趣所在，況且公職之路競爭激烈，很難脫穎而出。與其如此不如靜待時機，好好充實自我，或是騎驢找馬，待人力市場需求提高，自己也已充電完成，再尋覓更滿意的職務。此卦意味他對考公職並無熱忱，即便考上，這份工作也不會帶給他成就感或喜悅。

又如某乙爲女性，剛因先生外遇而離婚。回復單身後她鎮日感歎自己的不幸與對方造成的傷害，終日鬱鬱寡歡。她想瞭解如何調整心態才能走出痛苦？於是以此問題占得二十六卦「山天大畜」。

由占卜卡的牌面圖像看來，年邁的張小易有如出世高僧，端坐在雲霧飄渺的高山中修行，靜心充電，儲存精神能量。此卦顯示此人正在累積實力，爲未來的發展預做準備。一旦自我實力變強，時機一到必定一鳴驚人。

依此卦象分析，從現在起，她應該好好經營接下來的人生，堅強且不斷地充實能力，讓自己經濟及身心獨立，充份活出自我。當能量充沛時，自然能吸引到相同特質的人。只要好好進修感情學分，適合的人自然會出現。

圖像占卜卡讓學習《易經》變得輕鬆有趣

現在，你是不是一看到「山地剝」就立刻聯想到民宅後方土石崩落的情景，一看到「山天大畜」就立刻聯想到張小易在高山上修行的身影呢？恭禧你，六十四卦你已經記住了兩卦。以圖像化的方式學習《易經》就是這麼輕鬆有趣。相信在張小易的陪伴下，除了能迅速學習並解讀《易經》的核心精華，你將更能以正面積極的態度去面對生活中的一切喜怒哀樂，而這就是筆者花費十年開發《易經》啓示占卜卡的最大心願。

CONTENTS

Chapter 3

進入易經圖像的世界

Chapter 1

進入易經的世界

《易經》的起源

關於《易經》的起源，眾說紛紜。而且因爲《易經》常與巫筮、占卜相提並論，所以讓人感覺它像披上一層神祕的面紗。

有個比較典型的說法是：三皇五帝的上古時代，伏羲氏統馭天下，卻天天爲憂國憂民而發愁。因爲時值天地初始，遇大雨滂沱，則河流氾濫，人們居無定所；要不然就是鬧乾旱，穀物無法收成，人們得忍饑挨餓。百姓吃不飽、穿不暖，一旦生病，日子就更爲艱難。當時缺乏科學知識，把一切都歸於神明的主宰。

某天，憂國憂民的伏羲氏到河邊祈禱，希望各路神明給他指點，幫他找到能讓百姓免於受苦、過上好生活的方法。正在祈禱之時，突然狂風大作，一隻千年老龜游出河面，背上隱約馱著一張圖，浮現奧妙的龜殼紋路。伏羲當下顧不了許多，趕緊以圖上紋路畫出八卦，這便成爲人類對宇宙世界的最早認知記事。

這圖上紋路以黑白區分，白色代表陽、單數；黑色代表陰、雙數，以此記載事物。這套系統演變至泛神論的商代，王者每逢征戰、狩獵、天候、農田歉收、災厲或有任何夢兆，均須行占卜之禮，並將之刻於甲骨之上。到了周文王時期，整套易經發展得更爲完善，即《周易》。

最初，《周易》只是收集判斷運勢的言詞，即「筮辭」。後來加上筮辭的注釋，並有系統地詮釋整本《周易》，並逐漸展開，形成理論。注釋與易經理論編纂起來，成爲「十翼」，以後的《周易》，就是包含「十翼」的書。依「十翼」之助，《周易》就不僅僅是占卜之書了，它具有了哲學與倫理經典的價值。加上「十翼」的《周易》，就與原先的《周易》有了區別，特別是在漢代成爲儒家經典以後，便被人們稱爲《易經》。

不管傳說如何，《易經》的作者到底是誰，早已不可考，但我們可以確定一點：《易經》記載了人類對宇宙和世界最早的認識。《說文解字》中提到「易」上面的「日」，爲蜥蜴頭部，下面的「勿」，就是腳與尾，「易」是象形字，指的就是蜥蜴。有一種蜥蜴的品種被稱爲「十二時蟲，其體色一日之中改變十二回，所以「易」字有變化的意思。《易經》一書最早的英文翻譯被稱爲「book of changes」。

古籍紀錄，夏朝有《連山易》，商朝有《歸藏易》，周代有《周易》等三種占卜書，但現在只殘留《周易》。所謂「周易」，就是指「周代所流行的易」或是「周詳說易（變化）之書」。

可以說《易經》記載了天地從無到有的演化過程，即「太極」、「二儀」、「四象」，繼之產出「八卦」，再由八卦相互重組爲六十四卦。說得更詳細些，就是太極分解爲陰陽兩氣，兩氣凝聚爲天地（兩儀）；天地化爲四季寒暑（四象）；繼之呈現地球上八種基本物質，即天、地、雷、風、水、火、山、澤（八卦）；最後八種物質交叉組合成大千世界的各式樣貌。而古人則以此爲依據，延伸出來一種占卜的方式，記載於其中。

《易經》的邏輯思維

宇宙是由數位「1」與「0」交叉所形成的一個浩瀚的空間，《易經》是一部數位科學，它揭示世界的奧祕與眞相。

太極生兩儀，兩儀生四象，四象生八卦，八卦生萬物，萬物生生不息而變化萬千，這就是易經的邏輯思維體系。《易經》是前人智慧的結晶，是古人憑藉自己敏銳的觀察，探索自然、宇宙、天體、地理、萬物，以及社會、人文、經濟的紀錄。古老先哲在仰觀天文、俯察地理、綜觀歷史和人類社會中，總結歸納出一套經驗法則，他們發現了萬物運行變化的節奏和規律。然後將發現的自然規律和人類世界發展的模型，運用演繹的方法去探知未來世界的發展。推演未來宇宙和大自然的變遷，人類、經濟、社會、政治活動的更替，甚至細微到個人的吉凶、順逆、命運的起伏與轉變。

萬物不離陰（0）與陽（1），就自然現象而言，即一剛一柔、一晴一雨、一高一低、一大一小、一虛一實。就自然現象而論，即正電、負電；正數、負數；陰極、陽極。就人事而言，即得失、成敗、進退、榮辱、吉凶。萬物盡在陰、陽變化和組合之中。故謂：「一陰一陽，謂之道也」。

《易經》是由陰陽（「0」、「1」）兩個簡單符號，組成千變萬化的智慧之書，道盡宇宙生成、變化的規律，它是一本神奇、簡單、易懂、實用的智慧之書，包羅萬象，蘊含著萬物之理。數位世界：萬物由最簡單元素「１」與「０」、陽陰組成。電腦語言、網路世界都是由「１」與「０」組成，再複雜的電腦軟體、圖像、音樂、文字……都是由「１」與「０」交叉組合而成。現在數位科技統統如此。《易經》可以算是一部最古老的電腦語言著作，用「１」與「０」陽與陰來闡述人生、宇宙變化。

萬物生成由無極到太極、兩儀、四象……到無限大；萬物再由無限大……八、四、二、一，再回到無極。

「太極」是宇宙由無形、隱性、絕對的「無極」本體，邁向有形、具體、物質世界的開端，「兩儀」分造天地，「四象」有了春夏秋冬的循環，繼之產生「八卦」，再交叉組合衍生出「六十四卦」。無極、太極、兩儀、四象、八卦……無限大，是萬物、客觀世界生成、演化的路徑。（見下圖，易經的邏輯思維圖與宇宙生成、演化模式圖）

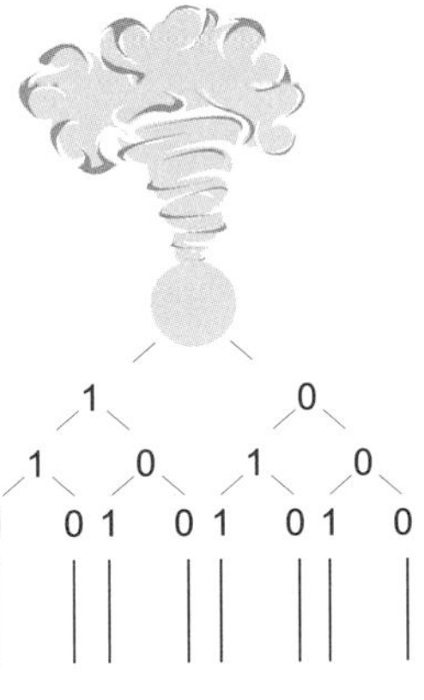

▲易經的邏輯思維圖
與宇宙生成、演化模式圖

無極、本體細說：無極、統一場理論的形成

1916年，愛因斯坦提出廣義相對論後，就積極研究統一場理論。直至他1955年逝世前，共花了三十多年的時間，提出了統一場理論，以之來解釋宇宙中萬物的根源和一切現象。

1989年，美國科學家嘗試將大自然的四種力量：強力、弱力、電磁力、萬有引力，在10的負33次方下統一起來，構成所謂統一場，驗證了愛因斯坦的假設。

實驗和科學推論在極大能量下，四種基本作用力會統一在一起，回到本體之中。這四種力量是宇宙大爆炸最原始的四股力量。現代量子物理學認爲，時間最小單位爲10的負44次方，空間爲負33次方，小於這些單位，時間和空間就不存在，超越時空。統一場是所有物質、能量的泉源。

統一場的威力

現代物理學家認爲，層次越精微，產生能量就越大。原子彈威力優於化學炸藥，中子彈又優於原子彈。據此推論，思維層次越精微，產生能量越大，思維、意識即能量，將意識進入本體就可以帶出本體無限能量，活化人生各層面。

科學家給「統一場」列出三十幾項特性：無限寧靜、無限動能、無限可能性、無限創造力、愛、喜悅、無限幸福感、無限勇氣等特性。

道生一，一生二，二生三，三生萬物

宇宙由無極本體（道）生太極，虛無、不具形體的本體能量匯聚成一個點，接著一個點爆裂出來，能量由無形轉化爲有形的相對世界，即太極生兩儀，兩儀生四象，四象生八卦，八卦構成地球上基本八大元素，萬物由無到有，從簡單兩儀陰陽演化出萬千世界。

宇宙大爆炸・宇宙膨脹

從宇宙大霹靂理論，說明宇宙的過去、現在和未來。宇宙大爆炸理論是關於宇宙形成最具有影響力的論述，它是俄裔美籍物理學家喬治‧加莫所提倡的學說，最新宇宙論認為，宇宙是從「無」誕生的，就是無極本體。

萬物起始是指在某一時刻不存在的事物，在大爆炸那一刻就誕生了。宇宙本是虛空，既無時間也無空間，但在一剎那時空、有形物質就出現了。

根據哈伯定律追溯到180億年前，宇宙由隱性虛空轉爲現象一個點（太極），一個密度極大、體積極小、溫度極高、動能無限的火球發生了爆發性的急速膨脹，就是宇宙大霹靂（大爆炸）。當時所有存在於宇宙中的物質、無形意識，當時全擠在一個點，瞬間爆裂、膨脹開來。大爆炸完整過程時，宇宙爆裂的溫度極高，在一百億度以上，隨著體積不斷膨脹，溫度急速下降，降到幾千度時，宇宙間布滿氣體，氣體冷卻凝聚爲氣雲，再逐步形成各種星系、星體，成爲今日我們所看到浩瀚無垠的天際。

按照大爆炸理論，宇宙其實沒有開端，也沒有結束。

它只是一個不斷循環的變化過程。從宇宙大爆炸，一個點，二、四、八……不斷無限開展，接著再由無限大塌縮……八、四、二、一、回到宇宙黑洞的循環路徑。宇宙再創生、毀滅，創生、毀滅中周而復始，生生不息。

數位世界

宇宙大爆炸就像原子彈爆裂一樣，以對稱性數位分裂、開展方式連鎖反應。大霹靂前是無形的世界，像現在的物質並不存在。物質是由火球大爆炸後的超高溫、高壓狀態下孕育而成，最原始物質再不斷交叉組合成無限物質。

宇宙萬物的誕生，是指著環繞我們生活中的一切。浩瀚宇宙、天體、星球、太陽、月亮、人類、一切物質和無形思維意識都包括，這一切都從無到有，一切都源自相同虛空本體。萬物一體，因爲銀河系、太陽系、地球，宇宙間一切生命、人體、物質都是由原子、分子依不同組合方式所組成。這表示從宇宙大爆炸開始，一切物質都還存在宇宙間，只是換了不同的交叉組合模式。二十世紀以來，包括愛因斯坦的大部分天文學家，相信宇宙是由大爆炸而來的，根據「質能互換原理」，大爆炸後的能量，最終轉化爲物質。

宇宙生成、演進模式

易經思維模式：無、太極、兩儀、四象……數位開展到無限大，無限大塌縮……六四、三二……二、一（太極），回到無極。本體是所有無形、有形物質的本源。時光倒轉，星系向中心收縮，小於十的負33次方公分時，宇宙將回到統一場，宇宙此時「一無所有」。

愛因斯坦的洞見

愛氏中年後致力於研究宇宙統一場理論，他企圖尋找一種最簡單、最抽象的宇宙方程式，並藉此導出自然科學的所有定律。他發現相對論來證實萬物由最基本兩股相對立元素組成（兩儀、陰陽對立），萬事萬物是相對存在，有正面就有反面，從不同角度看世界結果不一樣。所以他一直思考相對事物的根源在哪，有無一個最終極、最美的、最簡單的「統一場」？它是宇宙萬物的總根源？可以打破二元論的對立？其實中國古老的易經思維，就是宇宙生成演進的統一模式、方程式。宇宙萬物生於無極本體，本體再由隱性到顯性轉化成一個點（太極），接著這個點爆裂出來，就像核爆數位連鎖開展般，二、四、八、十六、三十二、六十四……到無限大，最終宇宙將再由無限大塌縮到無限小，回歸宇宙本體。宇宙萬物都可以被數位分解爲陰陽、１０，再無限數位交叉組合成萬千形體，宇宙是一個數位世界，就像數位化的電腦、網際世界。易經用簡易陰陽、１０符號，統一、涵蓋宇宙一切方程式，建立一種世界統一的數位元理論模式。

兩儀細說

宇宙萬物由陰陽、「１」與「０」兩儀組成，由簡單到複雜都是陰陽組合。乾坤、震巽、坎離、艮兌、日月、動靜、快慢、剛柔、分合、左右、進退、深淺、濃淡、遠近，都是「1」與「0」，都是二進位，「1」與「0」不斷交叉組合，便產生萬事萬物變化。

兩儀圖示

快慢、大小、寒熱、高低，喜怒、進退、積極和消極、天堂和地獄……等，萬物都是由兩兩相對元素所組成，缺一不可。

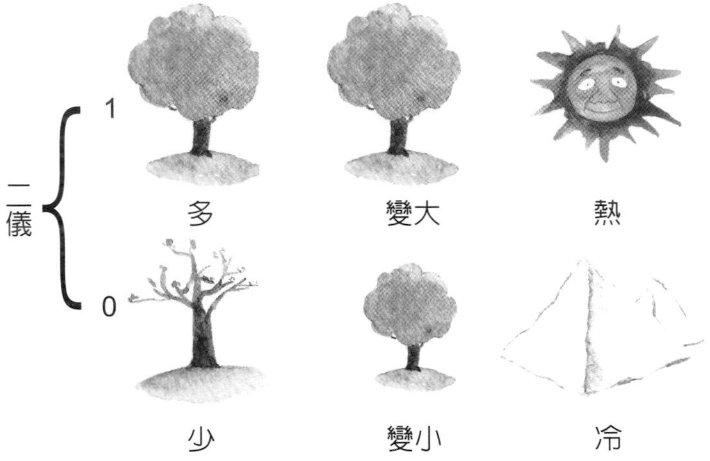

▲二儀示意圖之一

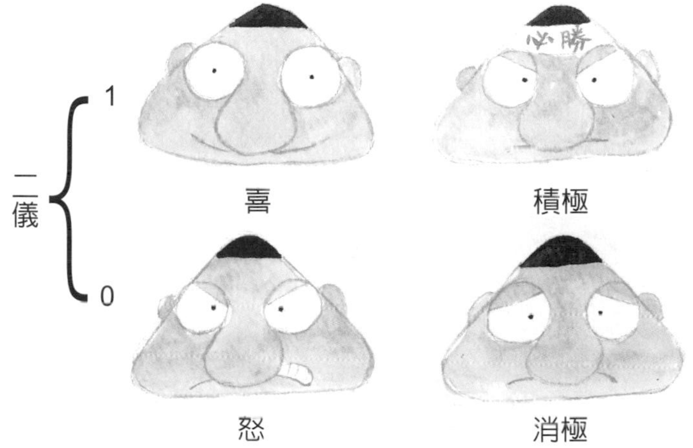

▲二儀示意圖之二

四象細說

萬物僅區分為陰陽、１０稍嫌籠統，還可以再細分為四種、八種、十六種……到無限細化。如剛（１）柔（０）兩儀，可再分解為四象；最剛「１１」、剛「１０」，最柔「００」、柔「０１」，可在細分解為八卦，「１１１」最剛強……到「０００」最柔弱，再細分「１１１１」……十六卦、三十二卦、六十四卦……到無限延伸。另以寒熱為例：溫度可以區分為冷熱兩種，再細分為最寒、寒、最熱、熱四種。其他如高低、大小、喜怒……全部都可以二分、四分。四象：就季節而言就是春夏秋冬的寒暑變化、四季交替。

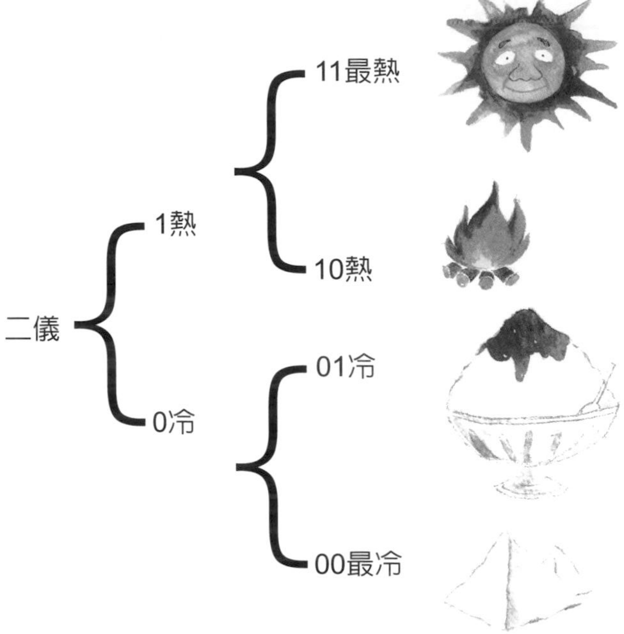

▲四象示意圖

八卦、十六卦、再細化、分解

寒熱溫度可細分爲二、四、八、十六、三十二、六十四、一二八……到無限細微。溫度分寒與熱兩儀，再四分爲最熱、熱、寒、最寒。寒熱當然也可以再八分爲最最熱……最最寒。寒熱十六分……三二分……到無限細微，同理，宇宙萬物都可由粗簡分類到極微、精細。

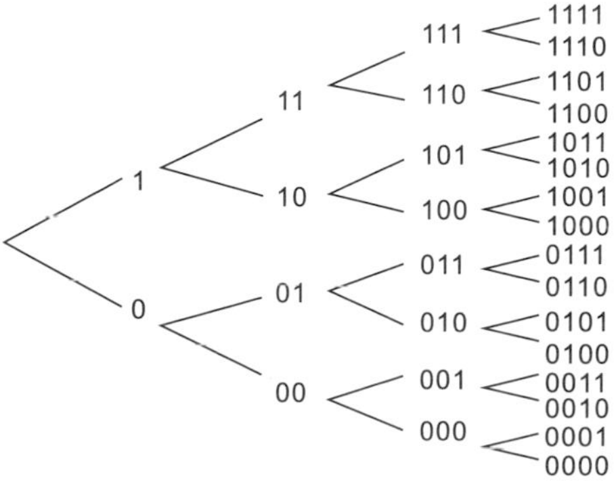

▲八卦、十六卦示意圖

八卦細說

「四象生八卦」。按太極、兩儀、四象、八卦的發展過程，從數字變化去看，爲一分二，二分四，四分八……從陰陽關係去認識，則太極混元一氣產生陰陽兩氣，兩氣產生少陽、老陽、少陰、老陰四象，四象再產生八卦，這個變遷模式揭示了八卦符號結構的生成過程。八卦符號結構具有多項功能，它不光只是說明客觀世界萬千變化的演進過程，多樣性的物質世界都可納入到這個模式，通過它來演繹、論證。

八卦是萬物生成模式

八卦代表八種基本物質，《說卦傳》說：乾爲天、坤爲地、震爲雷、巽爲風、坎爲水、離爲火、艮爲山、兌爲澤（見p43圖）。

這八種物質就叫做八卦的卦象，萬物是由這八種物質相互作用而發展起來。因此說，這八種物質現象構成了地球上萬物產生的基礎。八卦的八種物質現象各有其特性：《說卦傳》說：乾健也、坤順也、震動也、巽入也、坎陷也、離麗也、艮止也、兌說（悅）也。列序說明如次：

▼八卦的八種物質現象特性說明表

卦	說明
乾	乾爲天，「天行健，君子以自強不息」。象徵浩瀚之天，運行永無止息，其性剛健也。無限動能、領導統御、改造現狀之意。
坤	坤爲地，處卑下而承載、滋養萬物，其性柔順也。愛、支持、包容、完全接受之意。
震	震爲雷，是陽氣奮起與陰氣肅降，冷熱空氣相搏而成震耳的雷聲，萬物受到震動而驚起，其性動也。振奮、驚奇、喚醒之意。
巽	巽爲風，風四面八方徐徐吹拂，無孔不入，其性入也。溫和、舒暢、輕快之意。
坎	坎爲水，水流向低窪之處是一種自然現象，其性險陷也。凶險、不安、惶恐、焦慮之意。
離	離爲火，火必依附於物而燃燒，附麗也。熱情、光明、亮麗、智慧之意。
艮	艮爲山，山是靜止、穩立不動的，止也。穩固、可靠、封閉、篤實、有原則之意。
兌	兌爲澤，澤水能滋養萬物，萬物皆喜歡親近湖泊，悅也。喜悅、分享之意。

八卦八種物質現象演化過程中是兩兩相反相成，構成對立面的統一：八卦以兩兩相對為一組，不僅符號結構相反，其物質特性也是互相對立。《說卦傳》：天地定位、山澤通氣、雷風相搏、水火不相射、八卦相錯。故水火不相逮、雷風不相悖、山澤通氣、然後能變化、衍生萬物。因為對立相反、矛盾的兩個元素，才能在差異中交叉出無限的組合。

▼八卦對立性說明表

乾坤	天上、地下，一上一下、一高一低、一動一靜兩相對立，但又相交合成一個整體。
艮兌	山高澤低兩相對立，降在山上的雨水流入湖泊之中，湖泊水氣也能滋養山上植物，山澤相反但其氣相通又統一。
巽震	風雷相互搏擊是對立，風是和緩、徐徐吹來，雷上響起卻是又快又急。風給人舒暢感，雷給人驚嚇、害怕感覺，兩者特性相反，卻又互相增益氣勢而不相悖逆。
坎離	水火相剋，一冷一熱，兩者不相容，卻又能相互資助，如水分解為氫和氧，使火燃燒更旺盛。

八卦代表八方四時

《說卦傳》：帝出乎震、齊乎巽、相見乎離、致役乎坤、說言乎兌。萬物出乎震。震，東方也。齊乎巽，巽東南也……

▼八卦之方位時間說明表

卦	方位	時間	說明
震卦	東方	春初	春生。雷聲震起萬物初醒，閃電大量釋放出氮氣，產生氮肥，大地、萬物吸取能量，呈現勃勃生機。
巽卦	東南	春末	萬物都冒出地面，微風吹拂草木搖曳生姿，給人順暢、舒服的感覺。
離卦	正南	夏初	夏長。盛陽普照下草木繁茂、鳥獸活絡，動、植物生長快速，萬物互動頻繁、熱絡。
坤卦	西南	夏末	萬物從大地得到充足給養而趨於成熟、豐碩。
兌卦	西方	初秋	秋收。萬物走向成熟收割季節，種植的人無不歡欣喜悅。
乾卦	西北	秋末	萬物由成熟走向衰老，綠葉變黃，萬物能量由強盛轉向消退。
坎卦	正北	冬初	冬藏。現在已是冬季的開始，萬物已邁入枯老衰竭，準備進入冬眠、休養的時候。
艮卦	東北	冬末	萬物進入新陳代謝，舊的生命停止而新生機又即將產生，由寒冬轉向暖春，大地能量由陰轉陽，由冷轉熱，由靜轉動。如此周而復始，萬物生生不息。

八卦是萬物分類模式

八卦的結構符號，作爲一種框架，依序將世界萬事萬物盡收於其中，從而將天地萬物分門別類依次歸位。《說卦傳》舉例如下事物：

▼八卦的分類模式表

卦	具體事物
乾	馬、首、爲父、爲金玉、寒冰、大赤
坤	牛、腹、爲母、爲布、釜、柄、大黑
震	龍、足、長子、爲蒼竹、玄黃
巽	雞、股、長女、爲繩直、木果，於人爲寡髮、寬額、白眼
坎	豬、耳、次子、爲弓輪，其於人爲憂、心病、耳病，其於馬也，美脊、下首、薄蹄
離	雉、目、次女、爲甲冑、戈兵、龜
艮	狗、手、少男、爲路徑、小石，於木爲堅且多節
兌	羊、口、少女、爲巫、折毀、爲妾

天地萬物演化，千千萬萬不可勝數，紛紛擾擾極無章法，難以把握。通過八卦的符號系統和框架結構去加以概括，這使客觀世界由雜亂而變成系統，從而化繁爲簡，雜亂無序的世界已變得簡單而有條理。可見八卦模式爲世界最早的系統論。

八卦代表

天地、雷風、水火、山澤八種基本物質現象。再由八種基本組合物質交互作用，演化出萬千世界。八卦的基本元素只有陰與陽，「0」與「1」。這兩個基本元素相互搭配，組合成以三個爻爲一組的卦，從而產生八種組合的結構，就叫八卦。

通過八卦數位化符號結構，將天地萬物運化、生成的複雜、多元變化，清楚、簡單進行分類，將客觀世界由雜亂變得單純，將失序、紊亂，變得井然有序。以簡馭繁，給人對客觀世界認識，提供一條簡明思路。有了八卦分類思維系統，萬物變得條理分明。

八卦模組是萬物分類的系統

八卦分類系統，可以涵蓋宇宙萬物分類，任何訊息都可以分門別類套入易經八卦的系統模組（見p43圖八卦取象圖）。萬物的屬性、自然景觀、動物、人倫、科學、個性、職業、運勢……統統可就狀況數位分類爲八種，再分別儲存在八卦之中。豐富、多樣的世界萬象統統納入八卦模式裡。八卦、八卦自行交叉組合成六十四卦，又進一步拓展它的儲存空間直到無限。

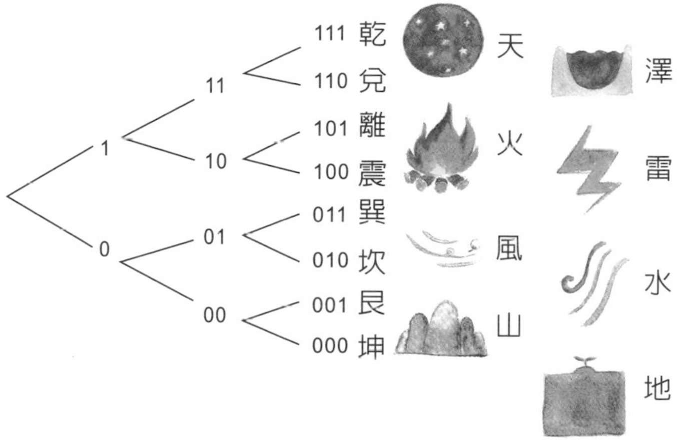

▲八卦示意圖

卦名	乾	坤	震	巽	坎	離	艮	兌
符號	☰	☷	☳	☴	☵	☲	☶	☱
屬性	健	順	動	入	限	麗	止	悅
人倫	父	母	長男	長女	中男	中女	少男	少女
遠取諸物								
近取諸物	首	腹	足	股	耳	目	背	口
自然	天	地	雷	風	水	火	山	澤

▲八卦取象圖

六十四卦、三八四爻

從易經卦象來看，每個卦都是由兩個三畫的八卦重疊而成，也就是兩個具體事物之間有了互動關連，六十四卦就是六十四種事物變化的模型。兩個三畫卦組成一個六畫卦，下面的卦與上面的卦可以互相往來升降，透過這種往來升降的互相作用，就出現了種種時空與環境的變化與運動，所以六十四卦配合六個爻，就構成了三百八十四個爻的變化，是一個立體的記載與分類事物的方式，包含了三度空間的所有客觀事物的形式與內容（見下圖三八四爻圖）。

八卦就像資料庫的結構，方方塊塊模組化框架，具有無限儲存資料、訊息的功能。八卦乘以八卦等於六十四卦，每個卦有六個爻，就等於有了八乘八乘六有了三百八十四個框架格子。要搜尋任何的訊息，都能在這三百八十四個格子中找到。它將宇宙、人文世界全部資訊盡收其中。易經的精華盡在六十四卦中，我們的人生無論命運、性格、婚姻、求職、處世方法，皆可在其中找到，它並不是那麼深不可測，它是科學的，經由六十四卦的指導，我們可以找到我們當下的定位，有哲理可深究，有新方法可依循，人生既有方向感又充滿樂趣。

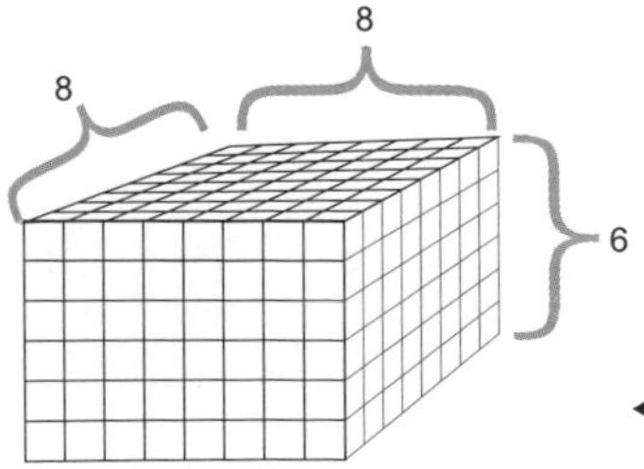

◀三八四爻圖

Chapter 2

科學化易經占卜

易經占卜的價值與觀念

人生中的每一天，我們都面臨挑戰與抉擇。我們需要在諸多方案中，選擇其中最適合、最符合現狀需求及最值得我們去執行的那一個，在生命探索過程中，難免會走錯路、或遇到傷心難過的事，讓我們感到失望、遭受挫折，面對這一切困惑，我們必須學習去處理它們，從挫折當中去思考，從恐懼當中，找到不安全感的源頭，解決我們心中的疑問，然後不斷地向前行。

我們常站在人生的十字路口，不斷遇到左右為難的事，不知人生該往哪走？易經占卜的客觀建議，可以讓我們採取適當的行動來調整自己的方向，不管是前進或後退都是一種選擇，只要是適合當下的自己，都是正確的選擇。當我們外在的機運到來，內部的能力也充沛時，就該奮勇向前行。當機運未降臨或自己狀況不佳、能量不足時，就要考慮是否暫時引退。易經六十四卦的建議，可以給我們一些新的、正向的影響，使我們可以瞭解、解析內外在時空的順逆、強弱變化，為我們除憂解惑、指引迷津，讓我們的生活充滿智慧與自信。

當我們在不順遂及充滿疑惑時，只要我們勇於面對問題，透過易經占卜就可以幫助我們釐清問題，協助我們去客觀思考各種的可行性，在現有條件下，去選擇出最佳的行動方案。易經占卜能夠引導我們去衡量失敗和成功的機率有多高，順勢計劃人生的路線和方向，創造更加美好的未來。

只要我們能面對問題，找對方法，勇敢實踐改善現有狀態，易經占卜的建言可以增加我們的勝算。易經絕不是教你要去趨吉避凶，不是吉卦才對我們有幫助，凶卦就一定對我們有害。它是讓你清楚瞭解現有的狀況——處於優勢，則要居安思危；處於劣勢，也不必緊張，只要找對解決方案，並且不斷努力去做，就可以改變不好的狀況。易經沒有今生命定的概念，凶卦往往直指問題之所在，它是使人的命運由壞變好的契機。占到凶卦是在提醒面臨困境的我們，請你注意和檢視自己的問題，去改善或改變不好的事，努力達成自己內心的嚮往，進而改造自己的命運。因此抽到凶卦並非壞事，有了正確的易經占卜觀念，可以使人改變舊有不好、負面的想法及做法，進而改善並轉運。如果你不打算好的、壞的，吉的、凶的都接受，不願意面對未來的挑戰，那麼你將無法觸及《易經》這本「智慧之書」的內涵；但是你如果已準備好要面對生命中的挑戰，願意學習並參考《易經》的建言，你的未來將會有更寬廣的空間可以探索，更可以體驗生命中的豐富及多樣的面貌。

「易理」運用以簡馭繁原則，將人生各層面難題，用最簡單的「０」與「１」數位碼組合，給人們指引迷津，讓我們的生活充滿智慧與自信。只需短短幾分鐘，可以幫助自己及他人決斷，解決困惑，輕鬆享受古人的千年智慧，獲得解答與協助。

學習易經占卜前，需要知道的觀念：

- 易經占卜可以指引人們方向，但最重要的不是從占到的卦解中知道「結果」，而是探索可能發生這樣結果的「原因」是什麼，從而找出解決難題的方法，並去行動，以達成你所期待的「結果」。占卜建言的最大價值，是積極創造、改善命運，不是一味盲目、消極、「宿命」的接受占卜的結果。
- 易經的哲理——變、變、變。所以未來的結果，只要透過自己不斷努力，就可能改變，不用太執著於卦的吉或凶，因爲外在環境隨時會有變數產生，好卦可能變壞卦，壞卦也可能變好卦。
- 面對人生的抉擇，當你有決策自主權時，可以把每個可能方案都占卜一下，再從中挑選最佳方案，並投入行動；如果當面臨的困擾非處理不可，根本無選擇權、無從逃避時，就不用管占卜結果的吉凶，只須問面對這種難關，應尋求何種改善對策，並努力去行動就可以了。千萬不要因爲卜到凶卦就放棄、沮喪或心中忐忑不安，要活用易經的智慧，以積極態度面對難題，就一定能突破障礙。
- 易經不是一門提倡完全接受占卜結果的消極思想，學習易經占卜的人應該避免迷信及過於宿命。它是一種積極找尋問題原因和對策的學問與技術。盡可能提問如何解決困難的技巧、方法，別只問吉凶結果。
- 把易經當成一生最好朋友，藉由占卜可讓自己精神意識層面與宇宙意識合一，使內心趨於穩定和諧，讓生命更有意義。

- 易經占卜是一種開啓內在意識的工具，可以指引困惑的人走向對的方向。它的建議可供有用參考，但絕不是「聖旨」，占卜者、被占卜者都應該有獨立思考的能力，不能盲信，讓自己成爲占卜技術的奴隸。
- 占卜的宇宙智慧像是個智者的建言，它會提醒你的行爲可能帶來的正、反面結果，但最後決定權仍在自己的手上。
- 占卜可以預知未來最有可能面對的狀況和變化，占卜結果並非「絕對正確」，只能提供決策參考；最重要的是靠努力去實踐和行動，在行動中享受生命旅程的美好感受，並修正自己的錯誤、改變未來結果。
- 活用易經的智慧，做出正確、快速的決定，但千萬別忘了原有的「科學判斷」能力，科學分析與易經占卜的「直覺感應」須合而爲一，可以提升決策、判斷的精確度。
- 善易者不卜：已瞭解易經道理的人，可以在日常生活中自在、靈活的運用，其實就不需要再占卜了。要相信自己思考及推理能力，在完全沒有訊息及任何資料、不知所措的狀況下，才需要參考占卜答案。
- 倘占卜結果爲吉、有機會，就要好好掌握，積極、努力行動，就能得到好的收穫；若占卜結果爲凶，則要提前預防，降低損害。不需要太在意、擔憂占卜到凶卦，只要想辦法就能突破、成長，要避免接受「宿命」的觀念。

- 占卜結果表示事件發生機率高低，不是絕對，無須鐵口直斷。利用占卜預測未來最可能狀況，加上個人努力，成功勝算會大大提高，但不表示每件事都能稱心如意。
- 面對人生難題，盡可能靠自己蒐集情報，思考、推理，解決困境。只有在不知所措，完全沒有可供判定的資料時，才尋求易經占卜的建議。
- 在趣味化的占卜過程中，學習從多元角度思考問題，也從中體悟到任何關卡、難題都有相應解決對策，不用擔心、憂慮。學習易經的智慧，保持樂觀、正向、多元思考的能力，比學習占卜技術更重要。

占卜時需要注意的事項

- 若已有對策，或是可以解決問題的事就不要問卜，很多問題只要略做研究、討論就可以找到解答，千萬不可「過度依賴」占卜，而不訓練大腦增強思考、解決難題的能力。只問重要及難解的問題。平時只要用科學、邏輯推演的方式蒐集一些情報，可以得知結果的疑難別占卜。
- 沒問題、沒疑難、心中已有定見或已決心非做不可的事，就不要占卜，別勉強找問題來問。
- 無誠心，不信占卜者，請勿占卜。占卜時心誠則靈，會和宇宙訊息自然頻率共振，精確無比。占卜時別擔心是否會不準，只管單純、心無雜念、專注的占卜；分心、疑惑的結果——肯定占不準。與其分神、疑惑，不如全然信任，才能成爲占卜高手。
- 違法、賭博、不正、邪惡及傷天害理之事不可問卜，即便占卜也不會靈驗。
- 占卜時，最好只問實際面臨的問題，別問假設性或是毫無意義的問題，如果一定要問的話，占卜結果也只能當參考而已。
- 盡可能問眼前的難關，別問太遙遠的事，除非只想知籠統的變化或預知可能結果，因爲你的每一個決定和行爲都可能影響長遠的未來，所以，問太遙遠的未來將發生什麼變化，是很難準確無誤的。
- 至少要不斷訓練占卜3～6個月技巧才會純熟，不可躁進、追求速成。不斷努力會越來越精準，會和占卜工具建立一種「直覺感應」的連結；輕易、自然而然就會知道該如何發問，該如何正確解析卦義，該如何替人釋疑、指點迷津。

- 占卜過程是占卜者和宇宙的對話，是爲了增長智慧，是爲了替人諮商解惑，不是爲求炫耀、顯神通，切忌不要太過度表現。
- 社會事件或變數大的問題，占卜結果只能提供參考，精準度不高，因爲它是眾人參與的活動，並非靠自己的努力可以掌握，如：這次選舉誰當選總統？這次考試會不會金榜題名？因爲要看其他競爭者的實力和考慮到層出不窮的變數，所以不可能百分之百準確。
- 易經六十四卦，卦卦是好卦，即便卜到困、屯、坎、蹇四大難卦都無妨，因爲逆境之後常常是順境，任何狀況都有對治之道，不用擔心抽到凶卦。
- 抽到凶卦別難過，更別認爲抓錯卦了，一直重複抓卦，非要卜到吉卦爲止。其實面臨凶卦更能磨練心智，鍛鍊毅力和能力，未來更能承擔重責大任。告訴自己只要撐過去，就會柳暗花明，無須爲了占卜結果患得患失。
- 人的運勢有好有壞是正常的，占得凶卦也要慶幸，因爲厄運、壞事還沒發生，你可以選擇預先避開或先做好迎戰的心理準備。凶卦其實在提醒我們，行事要更小心謹慎，讓損害降到最低。等到逆境過去了，順勢到來時，就可以全力衝刺。
- 如果占得答案和你的科學分析完全相反，你可以根據自己的經驗判斷，未必要全然依照占卜建議。因爲，占卜過程並非百分之百準確，可參考占卜結果，更要重視自己的思考判斷。

- 一次只能占卜一件事、一個問題，不要同一個卦問好幾件事，等一個問題問完了，再接著問下一個問題，別全部擠在一起，才能清晰、正確判斷。
- 被占卜者不可隱藏相關訊息，如果口中所說的問題，和心中所想的內容不一致，占卜結果必定不靈驗。
- 占卜時，最好由有困惑、疑難的當事人自己參與占卜，避免透過第三人代問代占，占卜結果才能精準無誤。
- 占卜時要保持平心靜氣，憤怒、飲酒、睡眠不足、焦慮、精神不集中、疲憊不堪時，都不適合占卜。
- 初學者占卜時要心無旁騖，避免吵雜的環境，找個清靜之地，精神集中，占卜結果才能精確。但熟練後就無須顧忌場地是否吵鬧，一樣可以清心、自在地占卜。
- 占卜是優雅、不急不徐、不慌不亂的意識交流過程，切忌急躁。

為何占卜會「準」？

易經占卜的科學原理

現代量子物理學研究發現，「物質就是能量」。任何物質都是由分子、原子、粒子……到最後都是由能量組成，並以波動型態存在。意念、想法、思維也是一種能量，最終來看有形物質、無形的意識都是由能量組成，所以彼此間可以相互交流，並交換訊息。

宇宙萬物都是由能量組成，能量以頻率形式運動，頻率變化皆以1010101101101數位組合訊息碼形式呈現（想法、情緒、意識……都可以轉化成1010101101101）。電磁波、電視畫面、電腦影音、收音機聲音……看到最細微面都是1、0的組合，萬物訊息最小元素。

萬事萬物都有其特定的頻率波長來振動。從身體、房子、車子、星球、、都有固定的頻率波動，人的想法、念頭也有特定頻率。當外在頻率和自身振動頻率相同時，就會引發共振。就像音叉實驗一樣，當敲打一支音叉時，房間內相同頻率的音叉，會同時發出「嗡」的聲音，這就是共振現象。

大自然中有各式各樣的波動，像是光波、聲波、水波、腦波、念波、、等，現象不一，但都是透過「波動」形式來傳遞能量。我們的思想、念頭也是由能量所形成，每個想法都會轉化成念波，透過波動形式把訊息傳遞出去。思想即能量，能量藉由電磁波傳送訊息，你的每一個想法、問題都會傳遞到宇宙量子訊息場，同樣訊息場也會自動，將相應的解答回覆給你。你送出什麼波，就會收到共振的波（解答）。但是現在人的腦袋塞了太多雜念，早已無法感受到這些波流、訊息。

但是人只要靜下心來就可以擷取宇宙中穿梭、飛越的訊息。而訊息波動一直都在，你只需要調整頻率，就像收音機和電視機一樣，你只要調對頻道就可以聽到聲音、看到影像。易經占卜的技術，就是在訓練如何調整頻道，只要調對頻道就能接收過去、現在、未來的所有訊息。這個世界是個數位化的世界，只要在網路上只要輸入關鍵字，就可以得到想要的訊息資料；在占卜時，只要明確投射你的問題，就可以得到相應問題的解答，因此，只要有一台電腦就可以上網找資料，只要有易經占卜工具，就可以解除你的生命疑惑，所以，當然可以卜得「準」。

占卜的第一步驟：先將要問的問題清清楚楚默唸一遍，這個訊息會被轉換成10101010的念波，並以波動形式傳遞到宇宙量子訊息場。接著，「心靈放空」和宇宙訊息場連結，並開始占卜。這時，你投射出去的問題，會和相應答案共振，並透過占卜得知訊息爲何。這訊息是以101010的形式回覆，一般沒學習過易經的人無法理解意義，只需要翻書查卦解就可以解碼，瞭解卦解的意涵和指示，進而尋獲最佳解決問題之道。

在課堂上，學員常問我：易經占卜爲何會準？關於這個問題，我鼓勵大家去練習占卜、並經驗這個過程，如果觀察、統計發現，只要問題發問得宜、保持虔誠，占卜準確度很高，就應該繼續學習，如果發現學習之後，和易經沒有產生共鳴，感覺不好、學不來，就該放棄學習易經，要對自己誠實，若學習易經後發現不適合而放棄，也是一種學習，並非一定要相信它，但最好別一開始就否定，先放下成見及預定立場，學習、體驗後，再來論斷它所帶給我們的人生價值會是比較好的做法。

在占卜未來成敗問題時，大家關心的是預測未來結果。考試會考上？投資會賺錢？選舉會當選？我和他會結婚？今年會升遷、調薪？這個月會中樂透？

其實易經的哲學就是變變變，宇宙間唯一不變的眞理就是「變」，所以要卜出事物未來「必然」的結果是不可能的。但是只要人事物相關元素未產生「變數」，占卜結果大多會正確，就是說易經占卜未來的結果，正確度很高。所以有相當價值，但千萬不能「迷信」結果必然發生。卜到吉卦成功機率高，就積極、認眞投入；卜到凶，就暫緩或是更加謹愼行事，當作未來生命發展引導是很好建議工具，但若迷信，放棄自己的理性分析、判斷就不宜了。

科學化占卜流程

「占卜幫助我以一種樂觀的精神面對自己。它們提出的觀點是我們從沒想到的，經常出乎意外地給一個表現性問題深入的答案。它們讓我脫離思想重複的模式，把焦點放在一個問題上，跟自己對話。我們的成長就跟科學一樣，我們提問的問題決定了整個過程和方向。我們的問題表達出我們的視野，帶領我們進入未來，專注於未知的領域。禪學大師絕不說教，他們靜待學生發問問題，到了這個時候，學生已準備好聆聽好答案，在知識運用上亦已足夠成熟。」（摘自生物化學家薛佛德L. J. Shepherd——新現實1990年5、6月號）

因此「易經占卜」整個占卜的流程，章魚老師研發了一個非常科學的「易經占卜標準化流程」，多年來的不斷驗證，只要依此作業流程來設題發問、占卜、確認、解卦，經過這個標準化的程式訓練，每個人都可以很輕鬆的學會占卜。在很短的時間內，便可以弄清楚要問何事？現存的問題是什麼？解決問題的對策是什麼？甚至從設題的過程中會發現自己內在困擾的源頭，藉此可以釐清並解除自己的困惑。因此標準化的占卜流程是很嚴謹、有條理的，因爲惟有條理嚴明的程序，才能使自己的邏輯更清晰，認清自我的問題，找到解決難題的方向。依照標準化的占卜流程持續練習，就能使自己的判斷力更精準，而且直覺力的發展也會更加順暢。

一、易經占卜標準化流程

占卜程序PDCA中，各程序的代表如下：

P：問清楚問題。

D：開始操作（進行占卜）。

C：確認占到的卦是否正確。

A：再行動。確認占卦無誤後，再解析卦義。

二、流程細說

P：問清楚要占卜的問題到底是什麼？

學習將被占卜者的疑惑、困擾是什麼，問得一清二楚，不要還沒弄清問題的來龍去脈，就急於進行占卜程序。占卜前把問題溝通清楚是很重要的步驟，它可以理清占卜者和被占卜者的想法，整合目前被占卜者迫切需要解決的難題到底是什麼。在占卜與被占卜者雙方討論困惑點的時候，被占卜者的心理運作已經開始，也表示他想要解決這個難題，他想要改變。有時候雙方溝通完問題，心中其實就有答案，知道該如何解決難關，因爲在討論的過程中，潛意識會自動提供方案或刺激雙方發現新的解決方法。

因此在問問題時，最好能夠先簡化，整理出重點，不要太複雜，因爲太複雜的問法，會讓占卜與被占卜者雙方弄不清要問的難題到底是什麼，更別說要精確占卜出結果並加以解析。所以寧願就單一問題，逐一發問，才不至於雜亂無章。占卜前雙方要做好清晰溝通，整理疑惑的問題點，在雙方確認認知一致時，才可以進入占卜階段。像是占卜者詢問被占卜者「到底發生了什麼事？」「與某某人互動發生了什麼困擾？」「什麼時候發生的？」「動機或目的？」「發生事情的『地方』在哪裡？」整理出清楚脈絡，就可以開始進行占卜。例如：我「?個月」內到「北京工作」的狀況如何？和「某某某」未來感情的發展如何？「半年內」轉換工作至「某一個行業」發展，適合否？清楚明白要問的問題是什麼，才能抽到準確的卦。

D：開始操作——放輕鬆再抓卦。

開始占卜之前，要先放輕鬆，可以聽聽靈性音樂、深呼吸，或是選擇一個寧靜空間，放下身邊的所有事情，稍微靜心一下，使思緒平和、舒緩。不要飲酒或過於急躁、勞累的情況下進行占卜，才能確保占卜的精準度。

占卜前要有此認知，已知道答案、已有定見、已知如何處理問題或是根本不想問問題時，千萬不要占卜。

確定好要問的問題之後，就可以開始洗牌，準備進行占卜程序。可以用自己喜歡的方式，將牌整個打亂或直接在手上多洗幾次牌都可以，並無太多的限制，但是在洗牌的同時，腦海中一定要想著要占卜的問題。洗完牌後就可以開始占卜，占卜時要口誦問題，心中默唸或是發出聲音都可以，口誦時內心要保持單純，不要有定見，不能預設立場或答案，單純、專心發問即可。占卜時占卜者、被占卜者雙方若已有定見，不是全然的放空，占卜出來的結果往往只是當事人的意念、想法。所以，占卜時一定要摒除所有雜念、不要預設答案，在心神寧定、放鬆、毫無成見的狀態下，不慌不亂，和緩、單純的從易經六十四張占卜牌中隨意抽取一張，這時占卜的第二階段（D）即告完成。占卜前，建議最好將要問的問題記錄在紙上，以免占卜完成後，忘記發問的問題是什麼。占卜結束後，接下來就要確認所抽取的牌（卦）是否正確了。

C：確認對錯——抓卦無誤再解析。

特別值得一提的是在科學化占卜流程中「確認」的程序，這是非常重要的一環，因爲大部分的易經占卜都無此程序，但以章魚老師研究易經占卜多年來的經驗，有此確認動作，就可排除操作程序疏失所造成的錯誤。

占卜結果錯誤的主要原因，通常是一開始設定占卜問題的內容就有誤，占卜師和被占卜者問題設定可能不一致，或是占卜時心神不定、雜亂、意識不集中、外在干擾等因素。占卜的流程就好像在廟裡抽籤一樣，除了發問時要先講清楚人、時間、地點……發生了什麼事，接著放空抽籤，再「確認」是否抽對籤，一連三個聖杯就表示正確無誤，才可以進行最後程序「解籤詩」。如果確認程序有誤，沒有擲到三個聖杯，就要重新再抽一次籤，這就是確認的程序。

經過不斷的訓練，占卜者和牌（卦）的連結會越來越順暢。當在抽確認牌時發現有誤或沒有連結時，也能很快地查明錯誤所在，重設問題、重新占卜。惟有經過確認的程序之後，才能正確解讀卦中的意涵，解答被占卜者的所有疑問。

A：再行動。確認無誤後，再進行解析。

看卦詞意義，依據他人所問問題類別、項目，是問運勢、心靈建言、婚姻還是工作等，再根據事實狀況和所抽牌（卦）的卦象來解讀、釋疑，爲他人指點迷津，引導瞭解眞正問題所在，提供解決方案。

從詳細明確的科學化占卜流程當中，將傳統的易經精髓現代化，只要每個步驟依照標準程序進行，便可以提高占卜、解卦的品質，爲被占卜者提供詳實、正確的建議和引導。

易經啟示占卜卡——占卜實例

《易經》六十四卦、三百八十四爻的交叉資訊庫，代表的是訊息的分類系統。透過占卜，可以連結過去已經發生、目前正在發生、未來即將發生的變化，也能瞭解事態發展的脈絡，並以理性、科學的思維方式加以推理、剖析，尋求最佳的處理方案。事實證明，占卜結果對引導決策具有重要的參考價值，堪稱是預測未來最有力的輔助工具。

如此智慧寶典理應被賦予新的生命與新的形象。然而《易經》博大精深，初學者常不得其門而入。有鑑於此，張易老師特別研發了一套「易經啓示占卜卡」，讓新手占卜者能藉由圖像，快速而深入地解讀易經哲理，並根據當下的能量狀態，推測出最適當的解決對策。

爲讓更多對《易經》感興趣的朋友，能快速掌握《易經》內涵並獲得啓發，特別以這套獨特的圖像占卜卡進行人生問題的解析。

張易老師就曾有這麼一個諮商案例，這位被諮商者在台灣工作順利，卻因公司臨時的人事調度，而必須在短期內外派至新加坡。這一去有可能會長期發展，短期內不易調回台灣，但有機會加薪升職；若是拒絕外派，則可能工作不保。

面對這個難題，他產生了許多疑惑。若是舉家搬遷，太太要辭掉工作，小孩也必須重新適應環境。再者，他也懷疑自己是否足以勝任。若是拒絕外派，他得放棄之前投注的心力，因此心有不甘。爲此，他詢問張易老師是否該去新加坡工作，而張易老師爲他占得「水山蹇」一卦。此卦的卦解是：寸步難行、窒礙不通，宜堅持下去克服所有難關。

【卦象解析】

外卦爲水，內卦爲山。水在山上是冰，高山上積了厚厚的雪，在冰雪中爬山，阻礙重重，不但寸步難行，還痛苦不堪。

圖像解析：登山之人花了好多時間與體力，在一片冰封的山上行走，路滑、使不上力，需要加倍付出，才能向前行走。在重重危險中前進，必須非常小心，走錯一步就可能導致嚴重危害。行走在冰封的高山上困難重重、進退維谷，現在企圖加快腳步是不智之舉，應當更加小心，注意天氣變化，步步爲營，不可冒然前進。此時衰神降臨，一切事物停滯不前，不宜妄動，應等狀況

39 水山蹇
寸步難行、窒礙不通、進退維谷；宜堅持下去，克服所有難關。

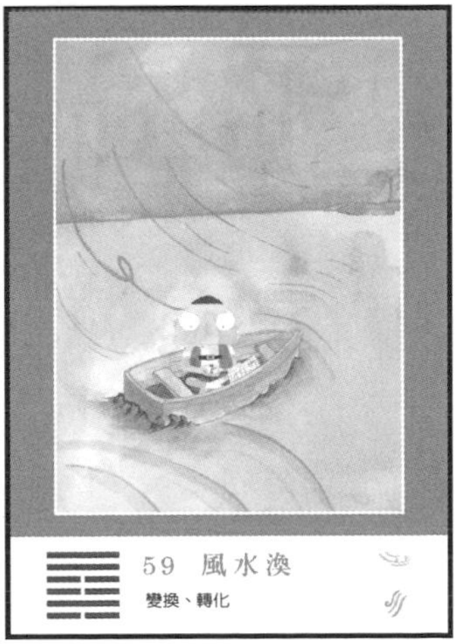
59 風水渙
變換、轉化

好轉後，再行動才不致惹禍上身。

依此卦象，張易老師為他解析：現在若前往新加坡赴任，氣運不佳，阻礙、困難重重、進退兩難。果然符合被諮商者的現狀，也反映了他的適應力的確不佳。但他在和公司討論過後，老闆依然堅持立場，因此即便卜到「四大難卦」之一的「水山蹇」，不想放棄工作的他依舊想問：「我的工作真的沒救了嗎？」

《易經》占卜最神妙的地方，就是在我們需要幫助時提供心靈建言，使我們能由此得到一些客觀的洞見和啓發。因此，針對外派新加坡工作一事，張易老師再為他占得「風水渙」一卦，其卦解為：變換、轉化，應掌握機會，保持樂觀與希望。

卦象解析：外卦為風，內卦為水。風在上，水在下，水面被風吹起波浪，四處散逸，越散越遠，象徵著事物的起伏和變化。

【圖像解析】

主角乘坐小船在海中航行，強風吹拂海面激起浪花，船身會有翻覆的危險，但風力可以改變、轉換船行方向，未必全然是壞事。男主角面對無時無刻都在變化的風向、浪潮，保持機靈與彈性、順勢前進，終能安全、順利抵達陸地。寓意在海洋中航行如同人生，過程中必定會有風險、起伏與變化，只要能夠放鬆心情、順隨情勢，適時轉化自己的心境及做法，就能化險為夷，帶領我們找到正確的方向。走不通時，不妨變化、轉換作法，一定可以解決當下的問題，並且有意想不到的收獲。

因此，《易經》給予的對策和心靈建言就是：現在的態度是未來成功與否的關鍵，當舊有的秩序亂了，或是原有的生活模式不足以解決現存難題時，即是轉換並建立新秩序的時刻。外在環境會一直變化，不順應時勢改變將錯失良機；相反地，若能隨機應變，就能掌握機會，開創新局。細心觀察誰能帶給我們正面的影響，怎麼做才能使我們快樂、成功，多接觸這樣的人事物，自然能帶來更好的生命轉化。

三年後張易老師再與這位被諮商者碰面，他提及幸虧當年不畏艱險地做出決定，也聽從《易經》的提示面對工作挑戰，否則他現在很可能工作不保，因爲台灣公司今年裁員不少，但他在新加坡卻發展得很好，完全不受失業潮影響。由此案例可知，任何事情只要努力就能改變未來！勇於面對問題，解決問題，自然可以過著樂活的生活。

人生難免碰到困境、疑惑、不安或惶恐的事物，透過易經占卜瞭解人事物，過去、現在變化，及預測未來事件走向，確實有助於人生難題的解決。最近想換工作、繼續升學、從政、轉行？易經占卜可以協助你瞭解自己的優勢在哪裡？預測外在環境機會、威脅的變化，提供最有利建議。但占卜或被占卜者要建立一種正確觀念，占卜結果只是一種最有可能狀況的預測和建議，他不是絕對、不變的答案。任何事情只要努力就可以改變未來，占卜結果只是一種建議，不是像「聖旨」不可違抗，無需過於盲從。

學習易經一開始可以透過趣味占卜來瞭解易經的

道理，一旦熟通易理，明白大自然一切變化都是好的，六十四卦卦卦是好卦，就不需要執著於占卜，只要努力面對人生任何挑戰、難關，一切困阻都會過去，並在險惡境遇中讓自己更加強壯。所以說：「善易者不占」。

Chapter 3

進入易經圖像的世界

以圖像來解讀易經

——64個心靈建言與決策方案

易經是科學的，它並不是那麼深不可測，透過本書採深入淺出的方式來闡述易經的道理，並使用圖像傳遞易經六十四卦的意涵。六十四卦就是六十四種哲理、六十四個心靈建言與決策方案，我們人生中所經歷的種種，盡在這六十四卦當中，我們可以從易經六十四卦當中找到所有解答。當我們在詢問易經時，這些圖像反映了我們的內在世界，這些有趣又有洞見的圖像，可以作爲自我反省和沉思的工具。進入了易經圖像的世界，你可以快速瞭解易經，使用輕鬆的態度來玩味人生，懂得易經的智慧，使我們可以瞭解自己也可以瞭解別人，智慧和意識因此而成長。

以下八個圖像，分別代表八卦：

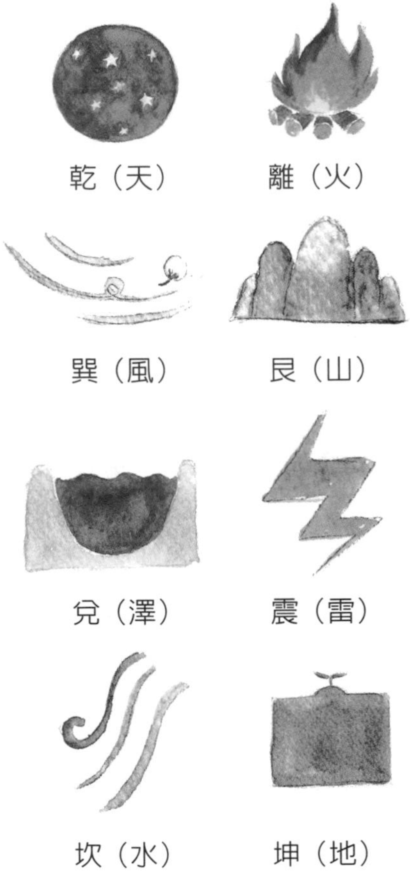

▲八卦符號簡表

六十四卦卦解表

上卦／下卦	1 乾 ☰	2 兌 ☱	3 離 ☲	4 震 ☳	5 巽 ☴	6 坎 ☵	7 艮 ☶	8 坤 ☷
1 乾 ☰	1 乾爲天 ／剛健 p57	43 澤天夬 ／決斷 p189	14 火天大有 ／豐盛 p99	34 雷天大壯 ／強壯 p162	9 風天小畜 ／小積蓄 p83	5 水天需 ／等待 p71	26 山天大畜 ／大積蓄 p138	11 地天泰 ／泰順 p89
2 兌 ☱	10 天澤履 ／如履薄冰 p86	58 兌爲澤 ／喜悅 p235	38 火澤睽 ／對立 p174	54 雷澤歸妹 ／學習配合 p223	61 風澤中孚 ／誠信 p244	60 水澤節 ／節制 p241	41 山澤損 ／損失 p183	19 地澤臨 ／親臨 p116
3 離 ☲	13 天火同人 ／同心同德 p96	49 澤火革／革新、變革 p207	30 離爲火 ／光明 p150	55 雷火豐 ／豐收 p226	37 風火家人 ／和諧共處 p171	63 水火既濟 ／已完成 p250	22 山火賁／美化 粉飾 p125	36 地火明夷 ／黑暗來臨 p168
4 震 ☳	25 天雷無妄 ／無妄念 p134	17 澤雷隨 ／跟隨 p108	21 火雷噬嗑 ／咬斷、根除 p122	51 震爲雷 ／震動 p214	42 風雷益 ／收益 p186	3 水雷屯 ／起頭難 p65	27 山雷頤 ／頤養 p141	24 地雷復／回復、迴圈 p131
5 巽 ☴	44 天風姤 ／邂逅 p192	28 澤風大過 ／太過分 p144	50 火風鼎 ／鼎助 p211	32 雷風恒 ／恒久 p156	57 巽爲風 ／服順 p232	48 水風井／飲用、分享 p204	18 山風蠱／蠱毒、敗壞 p112	46 地風升 ／上升 p198
6 坎 ☵	6 天水訟 ／爭訟 p74	47 澤水困 ／困頓 p201	64 火水未濟 ／未完成 p253	40 雷水解 ／解除 p180	59 風水渙／渙散、變化 p238	29 坎爲水／凶險、陷落 p147	4 山水蒙／啓蒙教育 p68	7 地水師／出師、規範 p77
7 艮 ☶	33 天山遯 ／隱遯 p159	31 澤山咸 ／感應 p153	56 火山旅 ／旅行 p229	62 雷山小過 ／小過失 p247	53 風山漸 ／漸進 p220	39 水山蹇／寸步難行 p177	52 艮爲山／阻斷、停止 p217	15 地山謙 ／謙虛 p102
8 坤 ☷	12 天地否／否塞、不通 p92	45 澤地萃 ／聚集 p195	35 火地晉 ／進展 p165	16 雷地豫 ／準備 p105	20 風地觀 ／靜觀 p119	8 水地比／比鄰、依附 p80	23 山地剝 ／剝落 p128	2 坤爲地／包容、愛 p62

一個卦由兩個基本卦組成，在下面的叫下卦，或稱內卦，在上面的叫上卦或稱外卦，上下兩個卦組合成六十四卦，每卦共有六個爻。只要瞭解八卦意義，就可以瞭解它的組合意義。

我們可以經由「易經啓示卡」的圖像來了解，例如：《水天需》的「水」氣在「天」之上，太高了，水滴下不來，缺水，所以要耐心等待，急不得。《山水蒙》的「山」下有「水」氣、雲霧，視線不佳，看不清楚。比喻一個人年少無知、懵懵懂懂，需要啓蒙。

易經六十四卦每個卦都有其特定解釋。六十四卦代表宇宙萬物六十四種態樣，每個卦都有一個代表的型態、圖像。易經六十四卦以卦解爲基礎，只要瞭解六十四卦基本意義，就可以用它類推到萬人、萬事、萬物的變化，從卦解推出人事物變化的順逆、得失。

1 乾為天

1 乾爲天
能量無限、積極、開展、
主導、陽剛、
主宰一切的無比力量。

吉

【卦　　象】乾代表天，象徵天道運行，周而復始，剛健不息。內外卦皆爲乾，代表了無限能量，若以此天象來比喻人的作爲，表示此人擁有信心及無限動能，積極主動且實力雄厚。

就像圖中超人飛翔在天，擁有最大的自信與意志力，爲實現目標不懈努力、奮鬥，受人尊崇。

【卦　　解】能量無限、積極、開展、主導、陽剛、主宰一切的無比力量。

【心靈建言】當你付諸行動去完成目標，其實已走在成功的道路上；當你已準備好並且很有自信，就會有機遇出現。成功不能靠守株待兔，而是需要不懈努力、積極行動。當大好時機已到，自己又擁有無限能量，就可以勇往直前，不須爲小事分神，只要注意人際和諧，在人生各層面都會有大斬獲。不過形勢一片大好之時，更要小心謹慎，以免盛極轉衰，所以不可躁進，要有「既達到目標，見好就收」的智慧。

【運　　勢】運勢旺盛、諸事昌順、工作順利、職務升遷、名利雙收、無往不利、萬事如意。但切忌一片大好時就驕縱傲慢、唯我獨尊，否則必遭失敗。再好機運若不珍惜、不知守成、自視太高，不能謙虛待人，就很容易物極必反、樂極生悲，「爬得越高，摔得越重」，不可不慎。只要虛心行事，以禮待人，注意人際和諧，謹慎、謙虛，所有心願都可達成。

【婚　　姻】門當戶對，婚姻可成。如雙方個性太強勢、太自我，相愛容易相處難，婚後會時常意見不合，爭吵不斷。雙方一定要學會禮讓，相互尊重，婚姻關係才能和諧、長久。

【戀　　愛】可成。但雙方如太自負、不願讓步，無法體諒關懷對方，很難長久相處。

【生意買賣】順利可成，有利益，但千萬不可得意忘形，疏忽做人的基本禮儀，太傲慢、自負就會遭致失敗。

【投　　資】時機大好，可以積極投入。

【考　　運】金榜題名，成績優異。

【求　　職】得貴人相助，順利尋得理想工作。若能擔任公職更好，會大有作爲，功成名就。

2 坤為地

2 坤爲地
慈悲、關懷、愛心、
陰柔、接受全部、
無限的包容。

㊔

【卦　　象】坤代表地。內外卦皆爲地，代表大地綿延伸展，無邊無際。大地承載萬物，爲萬物生靈之母，她包容土地上的一切生物，付出所有，讓萬物得到土地的滋養及能量。

如圖：遼闊的大地上，羊群在母親的哺育之下，得以成長、強壯。意涵做人應有寬容大量之心，做事不必計較得失，應有平靜柔和之心態；不宜主動，應先取守勢；不宜超前，應事先做好充足的準備，廣納建言，才能有所得。

【卦　　解】慈悲、關懷、愛心、陰柔、接受全部、無限的包容。

【心靈建言】 應保持現有生活寧靜的品質，不要鬥爭，也不要攻於心計，現在不應主動出擊或倉促行動，要安於當配角，以包容的態度，支持他人，配合他人。接受現在的狀態，不要強出頭，才不致陷入痛苦。但也並非什麼都不能做，只是在寧靜中茁壯，暗自加強自身實力，等待外在局勢於己有利，且自己能力增強後，就可一展身手。不管現在遭遇多少困難，這一切都是自然演進的過程，要全然接受，等事過境遷，紊亂終將回到平和，一切回歸順暢。

【運　　勢】 運勢時好時壞、時起時伏，別在意，別排斥，全然接受，隨它自然轉變，好運自然會出現。若不知安守本分，以靜制動，以退為進，以柔克剛，反而積極進取、強出頭，必會遭致損害。此時，宜秉持道家「無為」心態，放低姿態，逆來順受，不急不躁，按部就班、任勞任怨、努力不懈，成功會自然到來。

【婚　　姻】 雙方都充滿慈悲關懷之心，投緣又有默契，可幸福美滿。時機成熟、水到渠成時，可結為連理。

【戀　　愛】 可成。但別操之過急，循序漸進才不會嚇跑對方。耐心交往、等待，時間成熟自然會在一起。

【生意買賣】 時間不對，別急於達成交易，要耐心等待。只問耕耘，不問收穫，持續努力，終能完成買賣。要有「姜太公釣魚，願者上鉤」的心態，有些事情是強求不來的，只能耐心等待時機到來。

【投　　資】 無法快速回收獲利，中長期投資較有利益，投資房地產會更好。

【考　　運】成績中上。實力、考運中上。只要持續不斷努力，成績會愈來愈好。

【求　　職】需要等待，無法馬上得到理想工作，但別氣餒，只要放鬆心情，繼續找尋，時機到，好工作會自己出現。這叫「無心插柳柳成蔭，有心栽花花不開」，不是積極、主動出擊就一定能成功，有時候還要靜待、觀察時機，好運才會送上門。

3 水雷屯

3 水雷屯
困難、萬事起頭難；
學會努力不懈，
排除萬難。

凶

【卦　　象】外卦爲水，代表有坎陷；內卦爲雷，有震驚急躁之象。就像剛萌芽的幼苗，相當脆弱，當柔弱的幼苗欲破土而出時，又遭遇地表厚厚冰層的阻礙，它的成長就更爲艱困。水雷屯卦是四大難卦之一，因此，當事人行事容易混亂，會倍感壓力。需要加倍努力，才能改變現狀。

如圖：剛萌芽的幼苗，急欲想冒出頭、突破當下的困境，但自身能量不足，還被冰層及大石頭壓住，內外條件都呈現艱難的狀態。此卦顯示外在困難重重，內心急於突破；自身能力不足，又過於急躁，現時狀態艱困，形勢如同創業之初或人生起步階段，一切尚未就緒，有待持續努力，依序而進，辛勞之後才能有所突破。

【卦　　解】困難、萬事起頭難；學會努力不懈，排除萬難。

【心靈建言】因外在環境艱困且自身能量不足，事情剛開始或尚在規劃階段，總是特別困難，無法突破，但因為困難愈大，事情波折愈多，更可以考驗當事人的意志，培養應變能力及忍受力。雖然萬事開頭難，身陷困境，但所有挑戰都是有意義的，只有透過不懈的努力，排除萬難，經歷的磨練將會是未來成功的保證。「萬丈高樓平地起，英雄不怕出身低」，只要有信心、有決心、有鬥志，就能夠掃除陰霾，克服難關，因為「在到達天堂之前，地獄是必經之路」。

【運　　勢】萬事開頭難，諸事不順，多災多難，難以突破。此時也是訓練毅力、耐心的時刻。逆境之中，更要意志堅定，只要撐過開頭最艱難的階段，好運會順勢接續到來。困難重重，別輕舉妄動，要耐心等待。

【婚　　姻】不宜。雙方個性差異太大，自己性格急躁，對方個性較冷漠，一冷一熱，衝突較多，婚後會爭執不斷。耐心再觀察一段時間，彼此相互調整脾氣，再來談是否論及婚嫁。

【戀　　愛】阻礙不斷，沒有結果。對方無心，自己愈急，對方愈反感，另覓對象為宜。

【生意買賣】艱困、阻礙多，對方無交易誠意，成功機率不高。不要急躁、耐住性子，等待更好時機。

【投　　資】景氣下滑，時機不對，別草率投資，可防血本無歸。

【考　　運】運氣不佳，考題生僻，或是自己太粗心，成績不理想。

【求　　職】阻礙多、不順利，無法施展。切記不要急躁、要耐住脾氣、不斷充實自己實力。宜從長計議，等待時機。

4 山水蒙

4 山水蒙
受到蒙蔽，需要被啓蒙和
教育。不成熟；需要學習
及不斷成長。

凶

【卦　　象】外卦爲山，內卦爲水，山在上，水在下，水氣瀰漫整個山間，讓人視線受阻，因此思考能力與判斷能力都被蒙蔽，看不清楚出路，如同在山中迷路，不知所措。外卦爲山代表阻礙，內卦爲水代表陷落、困難重重，內外皆受困，智慧未開展，所以需要受到啓蒙及教育。此卦表示人生經驗和智慧不足，需要有人啓蒙指引，因此在成長的路上，我們應多向智者請教、學習。就像小孩在未受教育之前，是懵懂無知的，需要開導及積極學習，未來才能有判斷力，才能更加成熟。

如圖：男主角智慧未開、經歷不豐富，判斷能力受到蒙蔽，就像是瞎子摸象，竟然誤把象腿當成一座山。本圖隱喻男主角此時無須急於有所作爲，反倒要多多聆聽專家的意見，多接觸各類學問、努力學習，等打牢根基，再尋求發展。

【卦　　解】受到蒙蔽，需要被啓蒙和教育。不成熟；需要學習及不斷成長。

【心靈建言】每個人都會犯錯，都有幼稚、輕狂的歲月，那是一個人成長的必然過程。沒有人天生就成功，只有經過不斷學習、磨練，才能成長、成熟。不要埋怨自己不夠優秀，應發憤圖強，刻苦求學，積累人生的經驗，增加自己的智慧，一定會成爲一個有所作爲的人。

【運　　勢】前途混沌，氣運停滯，時運不濟，加上自身努力不夠，學習上面臨阻礙、困頓。因經驗不足、能力不夠、判斷力差，無法正確判定是非與對錯。思慮不嚴謹，輕信他人，導致挫折、失敗。此時，一定要放下身段，向長者、智者虛心請教，切忌自以爲是，以避免造成更大失誤。期望暫時難以達成，要靜下心來，加強學習、充電，一旦時機到來，必有作爲。

【婚　　姻】對方性格比較保守、傳統，自己的個性多慮、缺乏安全感。兩人對婚姻的認知都不夠成熟，不宜勉強結婚。

【戀　　愛】成功的機率不大。男女雙方都未成熟，都需要多花心思，補修戀愛學分，將來才有成功的機會。

【生意買賣】自身努力不夠，實力不足，交易困難重重，成功機率低。不要急躁，好好充實知識、增強實力，耐心等待，會有好機會出現。

【投　　資】缺乏理財、投資的專業知識，貿然投入會有損失。多做功課，多觀察市場景氣變化，耐心等待好時機。

【考　　運】成績不好。自己努力不夠，讀書方法不正確，需要向有經驗的人請教，改變學習方式，成績才會進步。

【求　　職】時機不佳，短期找不到滿意的工作。要加強自己的專業知識，耐心等待，別急躁。

5 水天需

5 水天需
需求、等待、好事多磨；
需培養毅力，等待良機。

凶

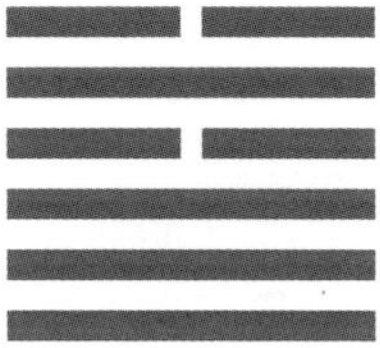

【卦　　象】外卦爲水，內卦爲天，好比水蒸氣昇到天上爲雲，雲在天上，醞釀要下大雨，但此時偏不下雨。外卦爲水，代表凶險，內卦爲天，代表積極奮發，此卦意涵是，外在凶險、威脅大，內心雖然充滿抱負，急於表現，但阻礙太大，不易在短時間有所突破，一定要耐心等待才能成功。從卦象來看，天上的雲何時可以凝結成雨還不知道，尙須靜待，等到時機成熟，天上的雲自然會變成雨，因此需卦就是「需要」等待的意思。

如圖：下雨的時機未到，就算手持盛水器皿，花再多時間去等待雨水降臨也是無用的，任何焦慮不安都只會磨損個人的心志。現在只須耐心等待，等待是一種智慧，如同諸葛亮臥龍岡等待劉備的到來。等到自身實力俱足，最佳時機到來，就可實現自己的遠大抱負。「需卦」的意涵是本身實力不弱，但須等待時機，實力齊備，外在條件到來時，才是可以付諸行動的時候。現在不須急於行動，不凡的成就，需要更多等待。

【卦　　解】需求、等待、好事多磨；需培養毅力，等待良機。

【心靈建言】每個人都會期待實現自己的目標，快速取得成功，但好事多磨，成功通常需要一段漫長時間的等待。機會總是青睞有準備的人，充實自身實力，待機會來臨時，才能展現自己的才華。若外在環境惡劣，就必須等待，利用逆境時刻，好好充實自身實力，培養自信，確認並修正自己的方向，才能繼續前進。如果沒有耐心，將資源能量浪費在自怨自艾上，消極地等待好運，則無法把握良機。人生難免會有逆境、厄運、困難和挫折，要利用這個機會好好反省、充電，等到苦盡甘來，獲得成功的喜悅，將是別有一番滋味。別急，一邊充實自己，一面等待時機到來，你已經是有實力的人，成功只是遲早的問題。思考一下，人生要的是時時刻刻的幸福感，還是只要一瞬間達陣的快感呢？難道現在尚未成功，就不快樂了嗎？有需要爲了達成最終目標，就犧牲過程中的幸福與快樂？其實，等待也是一種美好，不要急躁。

【運　　勢】目前看不到事態的進展方向，但並不表示未來沒有機會，只是所追求的目標，時機尚未成熟，它意味著需要不斷累積內在能量，時來運轉，機會自然到來。凡事寧可退守等待，不強出頭。事情的進展已是進退維谷的狀態，惟有不操之過急，從長計議，才比較有利。

【婚　　姻】雙方意見相距甚遠，自身較爲積極，對方卻舉棋不定、三心二意。婚姻初期及中期會不如意，惟有耐心等待，才能化解阻礙。

【戀　　愛】感情談了很久，遲遲未有結果，不可過於躁進，要持續追求、付出關心及耐心，才可獲取芳心。

【生意買賣】看來有利可圖，但事實上無法獲利，須等待時機好轉，若無法冷靜沉著，貿然進行交易，會有損失。

【投　　資】時機未到，鴻運未開，需要等待。若急躁行事，不會成功。

【考　　運】目前考運不佳，但本身實力不弱，繼續努力，會有好的成績。

【求　　職】目前無法找到理想的工作，需要耐心尋找，才能有好的工作機會出現。

6 天水訟

6 天水訟
爭訟、衝突、敵對；
找尋公正第三者調停，
化解紛爭。

凶

【卦　　象】外卦爲天，內卦爲水。外卦是天爲剛健，盛氣淩人；內卦是水爲落陷、委曲之象。代表上下觀念背道而馳，落差極大，交流上有阻礙，因此產生爭訟。

如圖：在海邊天水一線，天與水交界之處清楚分割，壁壘分明，不相交流，互不相容。有兩個人在船上爭吵，各執一詞，僵持不下，衝突中雙方失去了理性，忘了身處大海中央，有失足落海之危險，此時絕不該爭吵。因爲氣頭上雙方不僅無法化解爭執，又身處險境，絕不該意氣用事，應冷靜小心，用智慧化解糾紛。退一步則海闊天空，爭吵只會讓雙方兩敗俱傷，還容易招致小人，即使某一方爭贏了，也會元氣大傷，得不償失。因此應把力量用在重要事務上，避免分化自身力量於不必要的爭訟上。

【卦　　解】爭訟、衝突、敵對；找尋公正第三者調停，化解紛爭。

【心靈建言】如與人發生爭執，宜請一位有威望的第三者出面調停，以解決爭端。首先應靜下心來，在不損害雙方利益和尊嚴的情況下，放下身段，面對問題，眞心溝通，體認彼此認知的差異。通過調解，有彈性的做適度讓步，在第三者的公正調停之下化紛爭於無形。爭鬥訴訟確實讓人緊張畏懼，但無須太憂慮，重要的是記取教訓，以避免衝突再度發生。對立的雙方通過協調、瞭解對方，認識事情的整體狀況，有利於全方位地思考問題，更能公平、妥善處理問題。

【運　　勢】氣運下滑、多事之秋、諸事不利，阻礙、爭執不斷。脾氣暴躁、身心疲憊、易怒，有爭端訴訟發生，不可不愼。舒緩心情，退一步海闊天空，「得饒人處且饒人」，才不會傷人傷己。運勢不佳、險象環生，願望難以達成。

【婚　　姻】不宜。對方個性霸氣、外向、自我意識強；自身內向、多慮、不願配合對方節奏。常因意見不合而爭吵。

【戀　　愛】兩人互相看不慣對方的個性、言行，誤會、衝突頻繁，很難相處。

【生意買賣】雙方沒有共識，各持己見，阻礙多，容易發生衝突、爭吵，成交無望。

【投　　資】時機不對。可能受騙而發生爭訟，要謹慎、小心。別利字當頭，貿然投資。多觀察，等待更好時機或是找尋更好的合作夥伴。

【考　　運】成績不佳。

【求　　職】不順利。應徵過程中可能發生爭吵或不愉快的事。要學會自我情緒管理，注意禮貌，才有機會找到好工作。

7 地水師

7 地水師
軍隊作戰、氣氛緊張、對峙；宜嚴守紀律，避免災禍。

凶

【卦　　象】外卦爲地，內卦爲水，水在地下，表示軍隊紮營，將出兵作戰，內部情勢呈現緊張狀態。外卦有地，表示柔順、服從；內卦有水，表示有危險、波折之意。因此，師卦的意思是：目前內部呈緊張狀態，即將爭戰，應保持低調，儲存能量，等待時機。時機一到，出師才能一股作氣求取勝利。而且應以正當、規範的行動，師出有名，才會得到眾人支持。

如圖：護城河內、外均呈現緊張的氣氛，雙方軍隊已紮營城內外，守衛森嚴，戰爭可能一觸即發。此時，雙方應重視規範與紀律，師出必須有名，否則定會帶來傷害，必須謹愼而行，不可掉以輕心。值此多事之秋，切忌自私自利，投機取巧，應爲人公正，依照正途行事，堅持下去，定有收穫。

【卦　　解】軍隊作戰、氣氛緊張、對峙；宜嚴守紀律，避免災禍。

【心靈建言】自由與自律是並存的，不知自律，去侵犯別人的自由，自己也將會失去自由。紀律、規範是必要的，大家都奉行紀律，自由才有保障。如交通規則、紅綠燈限制，讓交通順暢，一旦沒有章法、規則，所有車輛將寸步難行。所以，面對社會規範，不應排斥，而應遵守維護。尊重他人自由，遵守團隊規範，是每個人都應該具備的民主素養。

【運　　勢】阻礙多、機運不佳、進取心不足，時常會有突發意外，弄得心神不寧、緊張。行事要合乎規範，不可爲了成功，從事非法交易，否則會招致失敗或災難。阻礙橫生、諸事不順、限制多，願望很難實現。要耐心等待、不斷努力，才可能有小收穫。

【婚　　姻】問題多、限制多，非良緣。對方個性消沉、缺乏動能，本人個性多慮、不安，兩人相處不愉快，也沒有安全感，缺少相生互補的功能。可以當朋友，不宜結爲連理。

【戀　　愛】個性不合，兩人不投緣，交往會感到拘謹、束縛、不自在。

【生意買賣】雙方缺乏交易誠意、限制阻礙多，成交機會低。須耐心等待，急躁更難達成買賣。

【投　　資】市場起伏不定，不是投資好時機。目前宜按兵不動，多作觀察。

【考　　運】考運不好，太緊張，考試失常，成績不理想。

【求　　職】運氣不佳，機會未到，自己也不積極，短期無法找到合適工作。

8 水地比

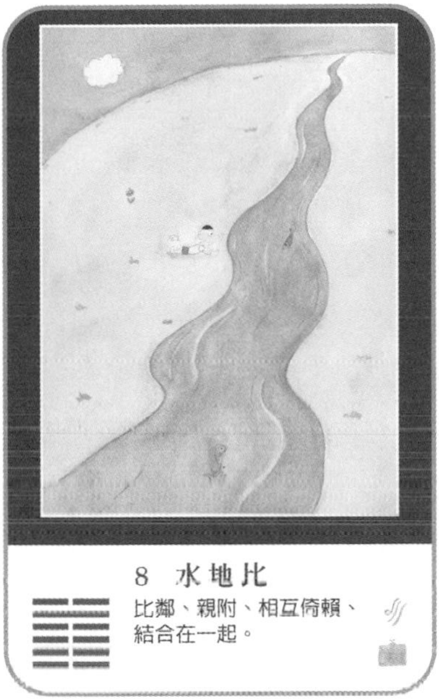

8 水地比
比鄰、親附、相互倚賴、
結合在一起。

㊐吉

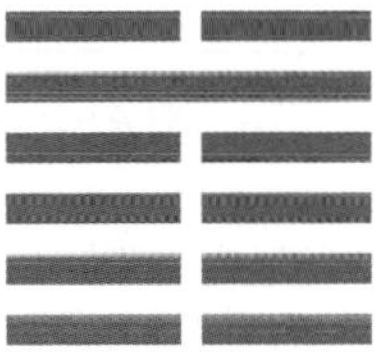

【卦　　象】外卦爲水，內卦爲地，表示河流依附大地，在地面上流動，與大地親密融爲一體，因此比卦有比鄰、相互依附之意。對方雖是坎水、有險，但我方寬容、謙虛相待，會讓對方漸受感動，以親密依附來回應。

如圖：河流之水依附於寬廣的大地之上，與大地結爲親密無間的關係，魚自河中躍起，生氣勃勃，讓人感受到和樂融融的氣氛。大地包容萬物，水依附於大地，兩者相融爲一體。此卦意爲：人際關係良好，在和氣、服順中得到貴人相助，與人相處應以和爲貴，才不會破壞和諧氣氛。切忌不可自私自利、孤軍奮戰，應與工作夥伴緊密配合，結爲共進退的戰鬥團隊，就一定能達成共同任務。

【卦　　解】比鄰、親附、相互倚賴、結合在一起。

【心靈建言】孤獨是最大的痛苦之一。十三世紀，義大利國王腓特烈二世對人類親密關係進行了一項實驗：他讓保母爲小孩餵奶、洗澡，但不可與小孩嬉戲說話，所有的嬰兒還沒來得及開口說話，就已全部死亡。由此可見，父母與嬰兒的親密依附關係，對於調節嬰兒的生理機能會有多麼重要的作用。若讓小孩處於孤獨無助之中，其生命節奏將會被打亂，陷入一片混亂。可見人與人之間相親相愛的感情是多麼重要。人非神，總有脆弱、無助的時候，無論多麼強壯、多麼有權勢的人，也會生病、遭遇失敗。性格剛強的人，也要學習柔和、體諒、照顧他人，並適度接受別人的幫助，這樣生命才會豐富。溫柔關懷他人，並非是弱者的專利，它是愛的表現，強者才更有能力分享愛。試著讓愛傳出去，世界將會變得更美好。

【運　　勢】運勢由弱轉強、由逆轉順，大好時機到來。如自身謙和有禮、注重人際良好互動，必定運勢昌順、諸事大吉。會有貴人出現，能夠得到長輩提攜，與眾人和睦相處、相互照應。好好善用自己充沛的人際資源，尋求志同道合夥伴的協助，定會順利達成願望和目標。

【婚　　姻】對方渴望安全感，自己個性寬厚、穩重，剛好是對方期待的對象，兩人個性相生互補，天賜良緣，會是人人羨慕的愛侶。

【戀　　愛】順利、成功。兩人投緣、有好感，關係親密、戀情穩固發展。

【生意買賣】雙方有共識，可以順利完成交易，獲取利益。

【投　　資】時機已來，可投資。若能尋覓志同道合的夥伴一起投資、創業，事業會更有進展、獲利更高。

【考　　運】準備充分，輕鬆應付考試，成績理想。

【求　　職】運氣好，加上有貴人相助提攜，可以找到滿意的職務。

9 風天小畜

㊍吉

【卦　　象】外卦爲風，內卦爲天。表示風在天上吹，空氣中蓄有水氣，但雲氣尚未聚集至足以下雨，這時密雲而不雨，寓含時機還未成熟，目前只能是小蓄，小有收穫之意，尙須靜觀以待，一旦水氣充足，必定會落下充沛雨量。外卦是風，表示服順、迎合、力量較弱；內卦爲天，剛健有能力，表示動能十足。因外在天時、地利、人和尙不能配合，所以付出的努力，只能小有收穫，並未達到預期目標。但運氣還不錯，只差臨門一腳，即可有所斬獲。只要努力不懈，會有預期收穫。

如圖：天空有一張鈔票在飛，暗喻可能會有訂單，或有進帳，但鈔票在天空之上，離地面還有一段遙遠距離，看得到拿不到，短時間難有大收穫，但會小有收穫。因爲稻穗已結成果實，只要能夠用心灌溉，細心照料，必能順利收成。本卦可預期未來可能有大收穫，要鼓足幹勁，勇往直前、堅持到底，定能有大成果。

【卦　　解】小收穫、小有積蓄、知足常樂。

【心靈建言】人生本有許多理想與期盼，每個人都希望自己夢想成眞，得到成功。但是「羅馬不是一天造成的」，成功需要一點一滴的累積，是長期努力的過程。如同樹上的果實，未成熟時，不能強摘，需要等它吸收了充足的水分與日光後，才能摘取，享受甜美果實。即使一個小小的成功，也是自身努力的結果，都應當令人欣慰，大、小成功的意義是相同的，最重要的是品味到了生命成長過程中的那份喜悅。成功只是一時的，而追求成功的過程中，體會到的快樂與喜悅，才是最寶貴的人生經驗。只要我們懷抱夢想，堅持不懈，努力奮鬥，定會取得更大的成功。別因爲未能求得成功，而感到失望、苦惱，一切都在醞釀之中，當你全力以赴、不斷耕耘，時機成熟時，成功自然會接踵而至。

【運　　勢】吉中帶凶、順中有逆、成中有敗，運勢好壞交替。有時似乎前景一片坦途，卻橫生阻礙；或者以爲目標將要達成，卻半路殺出個程咬金。運勢不穩、起伏不定之時，更要沉住氣，不應急功近利，「欲速則不達」、「小不忍，則亂大謀」。要有耐心，不急躁妄動，要堅持不懈，不輕言放棄，等時機到來，定有大收穫。

【婚　　姻】開始有阻礙，不要氣餒，持續追求，用誠心感動對方。日久生情，會逐步建立互信，感情也日益加溫，進而相愛而結爲連理。

【戀　　愛】有進展，但須控制速度，別太急躁。不能三心二意、心猿意馬，否則會讓對方卻步。

【生意買賣】可成、有小收穫。目前沒有大筆交易或高利潤的機會，再等待時機。

【投　　資】看起來前景大好、一片光明，但實際上利益有限。先小額投入，獲利回收後再逐步加碼。貿然躁進會有損害，投資的同時要加強學習專業知識，等時機好轉，獲利會增加。

【考　　運】成績尚可，還有成長空間，需要繼續努力。

【求　　職】可謀得職務，但短期無法找到很滿意的工作。不要灰心、繼續努力，未來會有更好工作機會出現。

10 天澤履

10 天澤履
如履薄冰、謹慎的行動、認真、專注投入。

吉

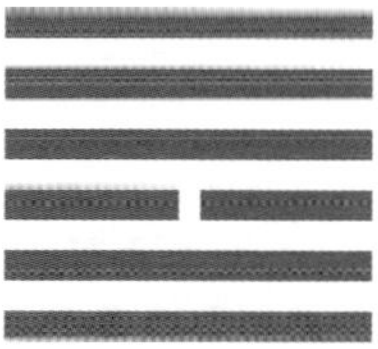

【卦　　象】外卦爲天，內卦爲澤。天在上，湖泊在下，渡河到對岸須小心翼翼，才不致落入湖水之中。外卦剛健，內卦和順，好像是人跟在老虎後面前進，要小心謹慎，才能平安通過難關，化險爲夷。

如圖：男主角爲了得到寶藏踩在鋼繩上小心走過去，才能到達對岸。因河水中有鱷魚，爲順利渡河，必須十分謹慎小心。雖然外在狀況危機四伏，不小心可能會掉入水中，但他內心穩定，手腳協調，又有十足的專注力，池中的威脅，只會讓他更加小心翼翼，最後終能逢凶化吉，順利到達彼岸獲取豐富寶物。正如遇到人生的一道道難關，只要冷靜思考、仔細觀察、小心謹慎、勇於行動，所有難關、危機都可逢凶化吉。

【卦　　解】如履薄冰、謹慎的行動、認眞、專注投入。

【心靈建言】成功的背後定是艱辛的奮鬥歷程，面對困境，常會感受超出負荷的壓力，但最後一定會成功。經歷過磨難與艱困，鍛鍊出了比別人更堅強的勇氣，在困難面前絕不屈服。勇於面對困難，堅持自我信念，在自身領域發光發熱。要有自我覺知，明確目標，謹慎選擇，認眞負責經營自己的人生。

【運　　勢】運勢中上，會有困阻，但只要勇敢面對，謹愼處理，就可逢凶化吉，心想事成。如履薄冰時一定要加倍小心，才可以安全度過危機。如果掉以輕心、草率行事，恐帶來危害。要有耐心、毅力、勤耕不懈，保持謙虛的態度，美好的願望一定能實現。

【婚　　姻】先是備嚐艱辛、阻礙不斷，但愈挫愈勇，最後修成善果。會配合對方步調，耐心付出、不斷努力，終能感動對方，締結良緣。

【戀　　愛】開始有困難，只要堅持下去，一定會感動對方，倒吃甘蔗，感情會愈來愈好。

【生意買賣】會有困難、阻礙，要不斷努力、溝通，展現誠意，一定能打動對方。耐心等待，交易可成。

【投　　資】可小額投資，須耐心等待利潤回收，只要堅持不懈，一定有斬獲。

【考　　運】只要努力，就有好成績。如鬆懈、掉以輕心，成績會不理想。

【求　　職】可找到合適工作，但需要等待。要不斷努力找工作，成功機率才會高。

11 地天泰

11 地天泰
和平、泰順、陰陽交流、完美均衡。

㊐吉

【卦　　象】外卦爲地，內卦爲天。地在上，天在下，地的陰寒之氣下沉，天的陽剛之氣上升，地在天之上，天地陰陽升降、冷熱之氣交融，萬物得以滋長。外卦包容，內卦積極、剛健，一陰一陽搭配和諧，工作與人際關係都順暢、亨通。

如圖中主角盪鞦韆，以另一角度反著來看世界，一切變得非常有趣。主角漫步在雲端，雲朵像綿花糖般被踩在腳下，蜻蜓和蝴蝶在身旁圍繞，萬物和諧交融。引申爲有能力或位居上位的人，要放下身段，不以個人主觀意見做決斷，虛心聽取他人或團隊的意見，試著以不一樣的角度來思考問題。良好的溝通、交流，能促進團隊和諧，是開創事業成功的重要基礎。有效的溝通，還能消除隔閡和誤解，使工作同仁更能得到快樂。換個角度看人和世界，不但新鮮有趣，還能看到這世界更美妙的景色，擁有前所未見的視野。人是群體動物，需要相互協調配合，只有善於溝通，才能瞭解彼此，才能找到快樂和幸福，包括與上司、同事、父母、師長、配偶、父母、子女之間，若能相互尊重，傾聽對方心聲，就可營造祥和與快樂的氣氛。但切忌勿因工作順利，人際資源豐富，則予以濫權或驕縱，輕忽他人感受，而產生不利的影響。

【卦　　解】和平、泰順、陰陽交流、完美均衡。

【心靈建言】戴爾卡內基說：「一個人的成就，85%決定於與人溝通的能力，而專業知識只占了15%。」因此，善於溝通的人，不但事業可以經營得好，家庭關係也會不錯。表達自我理念的同時，可以傾聽別人的觀點，在彼此交流的過程中，可以得到支持與鼓勵，提醒與建議，所以做起事來可以如魚得水。因此，放下身段，與人交流，敞開自己的心胸，與朋友交換心情，分享心靈感受，會有意想不到的收穫。

【運　　勢】否極泰來，一切厄運、不順暢都已過去。事業、工作、人際、家運都由閉塞轉爲暢通。運勢昌吉、諸事大吉，但切忌不可得意忘形，或鬆懈、怠惰、不知進取。好運到來，更要努力行動，願望、期待定能順利達成。

【**婚　　姻**】天作之合。兩人溝通順暢、毫無隔閡，相親相愛、相輔相成，相互尊重、感情融洽，珍惜彼此，共享幸福美滿的婚姻生活。

【**戀　　愛**】雙方投緣、有默契、相互愛慕，溝通、交流順暢，會是人人羨慕的情侶。

【**生意買賣**】雙方都期待能完成交易，洽談生意順利、雙方都有獲利。

【**投　　資**】大好時機來到，可以投資獲利。

【**考　　運**】過去辛勤耕耘，終於開花結果，考試成績理想，注意不要大意失荊州，仍要努力，認眞作答。

【**求　　職**】機運和自身實力都不錯，可以謀得好的工作職務，未來發展不可限量。

12 天地否

12 天地否
停滯、閉塞不通、互不往
來、疏遠；宜學習敞開心
胸與人交流。

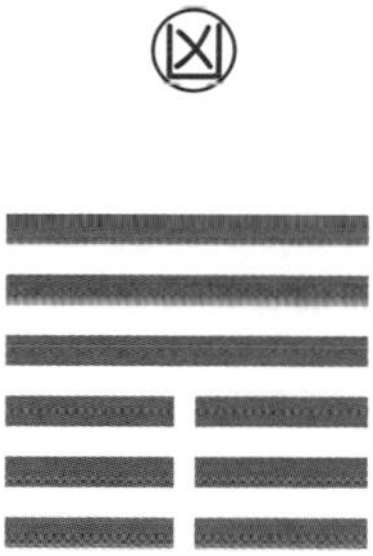
凶

【卦　　象】外卦爲天，內卦爲地。天在上，地在下，本來天的陽氣是上升的，地的陰氣下沉，但現在陽氣愈上浮，陰氣愈下沉，天高高在上，地變成卑屈，兩者距離愈來愈大，無法交流，能量不相通，且愈行愈遠，造成了很大隔閡。外卦積極、霸氣，內卦消極、被動，陰陽兩股力量相悖離，漸行漸遠不相往來，造成事態停滯及閉塞不通。

圖中主角看著汽球往天空飛去並愈來愈遠，快要消失不見，象徵因內心被動、閉塞造成人際關係疏離，因爲無法溝通，人與人之間的距離越來越遠，隔閡增加。工作進展上，困難重重，裹足不前。此時宜努力改善，化被動爲主動，開放胸襟主動接觸他人，加強與他人的溝通，才會有撥雲見日之時。此時的不順，提醒自身應作改變，化解閉塞不通的心情及困境，重新疏通、尋找新的出口，盡快恢復內在的暢通及開放。俗話說：「否極泰來」，只要調整好自己的心情，改變自己的態度，化消極爲積極，重新振作起來，就能度過艱難，時來運轉。

【卦　　解】停滯、閉塞不通、互不往來、疏遠；宜學習敞開心胸與人交流。

【心靈建言】此時心中的感覺如同寒冬降臨，不但有積雪，還有大冰雹，所有的事都停滯不前，困難重重。目前的困境提醒你需要做一些改變。人際上，你可能過於勉強自己，與不想交往的人互動，內心無法和自我的期望做連結，無法眞正從人際關係中得到快樂。足不出戶的孤獨者，就一定看不到外在世界的豐富，應坦誠與人溝通，而非流於表面的應付，與人搭起一座心靈的橋梁，會給生活帶來特別的樂趣。做任何事情都需要發自於內心，不須一味配合對方，應該尊重別人，更應尊重自己，要有瞭解和改變自己的勇氣。休息一下，重新瞭解自己，並導入快樂及增強自己的內在力量，等待寒冬結束，重新再出發。當你願意敞開內心，去作自我改變時，你一定可以享受到內心的幸福與喜悅。

【運　　勢】諸事不順。一切好運、順勢都已過去。無論事業、工作、人際、家運都由順勢、暢通轉爲運勢下滑，辛勞、困苦。此時行事更要謹慎，不可冒險躁進，才能降低損害。時運不濟，糾紛、意外連連，但不須太擔憂、畏懼，因爲「否極泰來」。現在就像寒冬，萬物寂靜、蕭條，但只要撐過去，春天就會到來，萬物又欣欣向榮。別氣餒，只要認眞、努力，不斷虛心學習、充電，等到時來運轉，必有所成。願望、期待暫時難以達成，耐心等待，好時機一定到來。

【婚　　姻】難以結合。二人個性南轅北轍，缺乏交集，溝通不順暢、嚴重隔閡。各持己見、不願傾聽對方意見，不願配合對方步調，感情不融洽，互相不珍惜彼此，思想情趣與生活習慣差異太大，很難擁有幸福美滿的婚姻生活。

【戀　　愛】不投緣、沒默契、相互排斥，嚴重隔閡，不宜深入交往。

【生意買賣】雙方缺乏合作誠意，洽談生意不順利，成交機會渺茫。

【投　　資】景氣不佳、時運不濟、阻礙困難多，投資難獲利，保守爲宜，靜待時機。

【考　　運】考運不佳，準備考試的方向不對，讀書方法要調整，成績才可能進步。

【求　　職】機運差、自身實力不強，缺乏貴人相助，應徵過程處處碰壁，無法謀得好職務。應改變工作態度，努力充實專業技能，才能順利找到適合職務。

13 天火同人

13 天火同人
同心同德、同心協力、
團隊合作、目標一致。

㊔

【卦　　象】外卦爲天，內卦爲火。天在上，火在下，火在地上爲燃燒的火，火在天空則可以代表「太陽」。積極強健的天在上，努力不懈往前衝，太陽在下，以無私的光亮及溫暖普照大地。外卦剛強，內卦熱情，雙方目標及方向一致，有志一同，內外契合，同心同德，興家立業則無一不成。團體中若能夠不分貴賤，以無私之心爲大眾之事去奮鬥，一定能成功。沒有私心，不謀私利，才可藉助大眾的力量而成事，否則易引起內訌或爭戰。大家同心同德，朝向同一目標邁進。

圖中陽光普照大地，不分種族、不分宗教、不分國界，無私地照亮了每一個角落，使每一個人皆能感受到太陽的能量，這種無私的光芒，使我們感受到溫暖。世界就是一個地球村，我們每一人都同樣受到上天的祝福及恩澤，無論是否爲同一國家、同一種族、同一宗教，我們同飲地球上的水，接受同樣的陽光，生活在同一個地球的大家庭中，應彼此互助，創造和諧的社會環境，讓每個人都能幸福快樂地生活。

【卦　　解】同心同德、同心協力、團隊合作、目標一致。

【心靈建言】團體中把彼此當作家人，朝著共同目標一起努力。不如意時，互相支持，付出愛與關心，可讓人容易面對困難。當今時代，凡成就大事者，必定要組成一個堅強的團隊。Google就是一個最好的例子，它的企業文化是鼓勵員工的創新思維和團隊合作。Google要員工不做惡，把最好的東西做給全世界的人用，並且不以商業方式販售，免費把資訊分享給大眾。Google這種集合眾人之力，無私分享的企業文化，事實上反而讓自己及所有使用者同時獲利，達到雙贏的最佳企業目標。我們應該珍惜身邊的家人與知心朋友，當我們快樂時，有人可以一起分享；當我們痛苦時，他們也會給我們慰藉。集結不同專才的朋友，大家有著相同的生活理念，結合成一個整體，整個團隊不分彼此，同心同德，每個人奉獻一己之力，將大家凝聚在一起，一定能夠成就大事。

【運　　勢】氣運旺盛、吉祥如意、諸事大吉。運勢正旺，要善用機會，與其自己努力前進，還不如集結眾人之力，廣結善緣，通力合作，必定可以完成重大使命。同心同德、互助合作，既可好運連連，還可防止災害發生。只要集合眾人智慧共同努力奮鬥，願望一定可以順利達成。

【婚　　姻】天賜良緣。對方個性剛健、勇敢，自己則充滿熱情、有智慧，兩人節奏、信念相近，人生目標、方向一致，有默契、投緣、同心同德。感情融洽、和睦，可締結良緣，家運昌隆。

【戀　　愛】可成。如果是長輩、親友介紹，成功機率更大。

【生意買賣】雙方有默契、共識，可順利成交並獲利。

【投　　資】機會來臨，可以尋覓志同道合夥伴一起合作，成功機會更高，獲利更豐厚。

【考　　運】考運佳，自身實力堅強，考試成績優異。

【求　　職】貴人、長輩提攜，運氣好、自己能力強，可順利謀得滿意職務。

14 火天大有

㊍

【卦　　象】外卦爲火，內卦爲天，火在上，天在下。太陽高掛天上，日正當中，普照大地，萬物一片欣欣向榮，呈現夏天繁盛之象。天時、地利與人和兼備，正是大有作爲之時。此時氣運亨通，昔日的辛勞一掃而空，各種資源匯聚，只要群策群力，心存正義，前景必定光明，大有斬獲。不過氣運雖然很旺，但不可狂妄驕縱，應謹慎而行，鴻運才能持久。

圖中陽光普照大地，無私奉獻著光和熱，萬物欣欣向榮，豐盛繁茂。卡車滿載果實，過去的辛勤耕耘，換來今天的大豐收。寓意若要成功，必需要有積極的心態及付諸實際的行動。做事光明磊落，頂天立地，有容乃大，才能廣納人才，得到眾人擁戴，成就大業。

【卦　　解】豐盛、繁榮、富有、大成功、擁有財富。

【心靈建言】因過去的努力而得到現在的成功，工作與事業發展順利；須注意不能因此得意忘形，驕傲自滿，失去繼續前進的動力。過去的成功，除了自己的付出努力外，還有親友的無私支持與同仁的鼎力協助，要對他們心存感激，把自己的成功與他們分享，對他們要有所回饋，那樣就會得到更多的支持，事業也會擁有到更大的動能，會有很好的發展。因為與他人分享，也讓其他人得到了更多的收益。

【運　　勢】鴻運當頭、事事順遂，運勢強盛、實力堅強，只要謙虛謹慎、努力工作、事業、人際及各個方面都會大有進展，任何目標都可心想事成。切忌驕傲自大、得意忘形、恃寵而驕，否則可能會樂極生悲。

【婚　　姻】天賜良緣，婚姻幸福美滿。對方性格像太陽一樣熱力四射，有智慧，自己個性積極進取、自強不息，兩人能量都很強，步調一致，信念相同，一拍即合，感情融洽，是一對充滿活力、人人羨慕的佳偶。

【戀　　愛】可成。彼此有好感，相處融洽、趣味多，感情發展順利。

【生意買賣】雙方有共識，可順利成交、大利多。注意不能輕忽、怠惰，合作關係才可以持久。

【投　　資】機會來臨，獲利豐厚。

【考　　運】考運佳，自身實力強，考試成績優異。仍須繼續努力，才能持續保有好成績。

【求　　職】運氣好、工作機會多，憑藉自己過人才華，可順利謀得滿意的職位。

15 地山謙

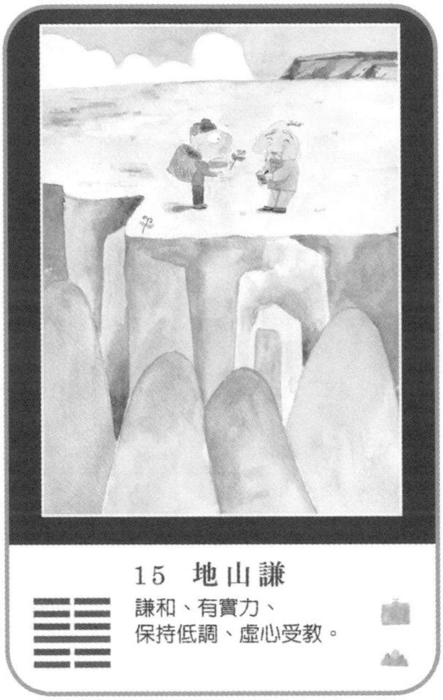

吉

【卦　　象】外卦爲地，內卦爲山。地在上，山在下，地下有山。山本應是高聳矗立於地面之上，威武雄偉，但此時卻自貶隱身於地下，表示本身有實力，卻低調謙虛。對方寬厚不侵，我方實力堅強，卻禮讓謙卑，不凌駕於對方之上，所以受人景仰、尊崇。

圖中山隱於地下，主角上山採藥，向前輩虛心求教，前輩耐心查閱典籍，回覆說明草藥的特性。寓意自身有實力卻不自誇，反而虛心學習。謙虛是美德，虛懷若谷可以學到更多的東西，還可避開一些人際衝突，免除危機。

【卦　　解】謙和、有實力、保持低調、虛心受教。

【心靈建言】謙虛的人，對自身優勢與不足之處有所瞭解。謙虛謹慎，低調，不引人注目，盡力做好本分工作。廣納百川，虛心聽取和接納各方面意見，可以收到好的建言，不斷進步。堅持原則，有自我反省能力，不過度干涉他人。心胸寬廣，善與人溝通，讓自己能有更寬廣的視野。雖然謙虛有利於人際交往與事業的發展，但還應注意在保持謙虛的同時，更需有堅強的實力與專業能力，才能得到大眾的認同，若無實力作後盾，則可能被視爲阿諛奉承，給人矯揉造作的感覺。

【運　　勢】現在運勢昌順、諸事吉利，人緣、心情都很好。只要虛心行事、以誠待人，願望定能實現。切記不可因運氣好、平順、成功，就趾高氣昂、狂妄囂張，應繼續保持禮貌謙虛的態度，好運才會延續下去。

【婚　　姻】天賜良緣，能順利結爲夫妻，幸福可期。相敬如賓，婚姻和睦美滿。

【戀　　愛】謙和有禮的態度，會得到對方青睞，戀愛成功機率高。

【生意買賣】可成。保持誠信、謙和、有禮的態度，雙方合作順利，各取所需。

【投　　資】投資可成，謹慎可獲利。不可貪心，投入要節制，別貿然投入太多資金，待利潤回本後再加碼。

【考　　運】考運不錯，不可鬆弛，應繼續努力，成績會更理想。

【求　　職】運氣佳，求職可成。不斷努力，求職時謙讓禮貌，可得雇主喜愛和重用。可以找到滿意的職位。

16 雷地豫

16 雷地豫
做好準備、把握時機；
預先做好規劃，
必能成功。

㊍吉

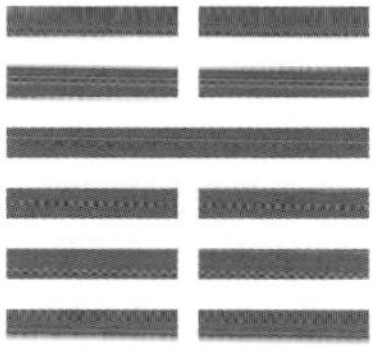

【卦　　象】外卦爲雷，內卦爲地。雷在上，地在下，雷打在大地之上，春雷乍響，撼動了萬物。植物發新芽，一派欣欣向榮。一年之計際在於春，生命復甦，準備迎接新的變化、新的挑戰。外卦爲雷，象徵春雷初響，萬物復甦，大地一片生機；內卦爲地，代表溫和柔順，一片寧靜、安詳。寓意外在有好的能量啓動，內在有柔順之心相合，只須順勢而爲，自有貴人提攜。

如圖：雷電打在大地，釋放出氮氣，農田得以接受到雷電釋放出的氮肥，大地及萬物得到了能量的滋養。春天到了，應把握大好時機，做好準備，專心投入。春雷初響之後，植物開始茁壯生長。也是事情剛開始的準備階段，應做好準備，等時機一到，便全力以赴。目前無須急於行動，應先瞭解周圍情勢，要先規劃再行動，未來才有勝算。但若現在不做好萬全的準備，充沛自我能量，再好的機會也會流失。

【卦　　解】做好準備、把握時機；預先做好規劃，必能成功。

【心靈建言】計畫趕不上變化，人算不如天算。世事難料，未來如何變化很難完全掌握，宇宙是不斷變化的，任何狀況出現，我們都要坦然接受，不必刻意去對抗。凡事預先做好計畫，準備充分，才能從容應對。俗話說：「機會總是留給有準備的人」，若未預先做好準備，一旦機會降臨時，可能會錯失良機。能預先做好準備的人，機會來臨時，他們一定會及時出手，牢牢抓住，而取得一鳴驚人的好成績。只要凡事盡力而爲，事前做周延的規劃、訓練、充分準備，有備無患，加上已有的經驗累積，一定能隨機應變、從容應對，取得成功。事態變化如同預期，固然很好；如與預期相差甚遠，也要接受，說不定會有意外收穫。

【運　　勢】運氣由負面漸漸轉向正面，是積極進取、努力衝刺的好時機。運勢轉趨順勢，要充分利用機會，盡早做好規劃，並付諸行動，所有辛勤的耕耘都會有收穫。切記：此刻是進展的大好時機，千萬不可有了一點成績，就鬆弛怠惰或沉迷於享受玩樂，機會可能稍縱即逝。要堅定信念、鍥而不舍、貫徹到底，才不會鬆懈下來而功虧一簣。

【婚　　姻】好姻緣，不要猶豫，要珍惜把握。包容對方的急躁性格與快節奏的做事方式，吸取對方的動力和衝勁。兩人相輔相成，和諧相處，婚姻生活幸福美滿。

【戀　　愛】進展順利。桃花、戀愛運正旺，做好「求偶」專案，勇敢追求。持續努力、不輕言放棄，好的戀情就要降臨。

【生意買賣】做好規劃，勇往直前，會有意想不到的利益。須持續努力，別獲利就掉以輕心，當心「煮熟的鴨子飛了」。

【投　　資】是投資最佳時刻，但別急躁，靜下心來做好規劃，經過專業分析後，找好目標，開始投入。

【考　　運】運氣好，持續不斷的辛苦換來好成績。考試時應謹慎作答，不要急躁，否則會因粗心大意而成績受到影響。

【求　　職】會如預期找到適合的工作。應徵前要做好充分準備，才能從容自如應付臨場面試，博得雇主的賞識，順利謀取好職務。

17 澤雷隨

17 澤雷隨
隨遇而安、隨心所欲、跟隨、隨和。

㊐吉

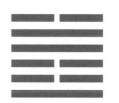

【卦　　象】外卦爲澤，內卦爲雷。澤在上，雷在下，即湖水之下打雷，雷在天上爲雷震、閃電，雷在地下就代表是「地震」，地震時湖水會跟隨地震高低起伏震盪。外卦爲澤，代表喜悅、跟隨；內卦爲雷，表示震動，奮起之意。寓意是：只要能順隨人意、順隨制度、順應時勢，像湖水，跟隨地震的力道、氣勢而奮起。只要能順應人情世故去做事，則平安如意、必可通達。但隨卦須注意保持相當的努力，才能順利運作，也要審慎評估是否跟對人、做對事，是否順應了局勢的發展，符合公司的制度等，能順從或參考他人的意見，則可以得到他人

的幫助。

如圖：湖泊下發生小型地震，主角在船上跟著水波擺盪，並未受到驚嚇，魚也未受影響，依然在水中悠然游來游去。抱著隨遇而安的心情，他繼續悠閒地釣魚，絲毫未受影響。引申爲做人做事要靈活應變，順從隨和，不要太固執或太保守，要視狀況來調整自己的處事方針。

【卦　　解】隨遇而安、隨心所欲、跟隨、隨和。

【心靈建言】面對千變萬化的外部世界，不管是否喜歡，世界就是如此，我們只能坦然面對接受。當今世界是偉人的創新時代，創新會打破舊框架，增加新事物，新的東西會提升我們的生活品質，讓我們生活得更美好，更快樂。因人的思維、智慧的侷限性，每個人都有自我認知的對錯、好壞、是非等差異，而宇宙是一個充滿驚奇的多樣性世界，老天爲了增長我們的智慧，讓生命更精彩、豐富，會故意讓事情脫序、失控，讓我們感受不一樣的經歷，不要再爲變化、不可控制而憂煩；可控與不可控一樣有趣、美好，不要患得患失。事態可以控制時，就好好掌握；當其無法掌控時，學會瀟灑放手，說不定還會感受到從未感受過的美好東西。當大環境很難一時之間改變時，我們要試著去適應環境，而不是讓環境適應我們。當我們能屈能伸，學會隨機變應，就可以隨波逐流、隨風起舞、樂在其中，就能全方位地去品味、感覺生命的全部意義，放棄控制慾，去快樂品味當下所擁有的東西。

【運　　勢】運勢時好時壞、時高時低，變化起伏大。此刻，最重要的是學會觀察內外環境變化，調節自身剛柔、快慢節奏，巧妙掌握機會，避開威脅，創造豐收、多元的生命。切記：此刻是學習隨機應變、觀察事態變化、尋求他人協助之時，切忌單打獨鬥。不要我行我素、獨斷獨行，多聽長者、夥伴的建言。廣納建言，就能因爲他人的支持與幫助而達成自我的目標。

【婚　　姻】適合的婚姻。試著去改變自己，放下身段，盡量多瞭解對方，學習對方性格中的好東西，融入對方生活中。調整好自己的心態、步調，好好體驗「嫁雞隨雞，嫁狗隨狗」的哲理和心境。經營「隨遇而安」的婚姻生活。創造精彩、豐富、不一般的婚姻生活。

【戀　　愛】一波三折，但最終可成功。交往過程不能只在乎自己想什麼、要什麼，要顧及對方的想法，尊重對方的個性，瞭解對方的心情和意願，譜出一場甜蜜且有深度的戀曲。

【生意買賣】有阻礙、幾經波折後可達成交易。不要堅持自己的看法，多聽對方或長者建議，協調折衷，尋找更好的合作方案。

【投　　資】市場波動起伏大、不穩定，須謹愼投資，終將會有獲利。可投資，但別只依自己想法去投入。多聽投資專家或前輩的建言，廣納意見後再投資，可獲利。

【考　　運】成績優秀。平時努力讀書、辛勤耕耘，現在是檢驗成績的重要時刻。已經認眞做好準備了，現在需要放鬆心情，隨遇而安。不須擔心、緊張，愈輕鬆、愈自在，成績會愈理想。

【**求　　職**】有波折，但最終可找到理想職位。學會觀察和隨機應變，求職應試時別固執僵化，保持彈性靈活，會讓你更從容自在，得到雇主的賞識提攜，謀職之路順暢無阻。

18 山風蠱

18 山風蠱
敗壞、蠱毒、
長久以來的壞習慣，
宜根除過去的錯誤。

凶

【卦　　象】外卦爲山，內卦爲風。山在上，風在下，風受到山的阻擋，只能在山下吹拂。風在山下阻塞，經久不通漸漸形成有毒的瘴氣；山下被瘴氣籠罩，以至於腐敗生蟲，使萬物生化不順、淤積而生蠱毒。外卦爲山，代表阻礙、封閉；內卦爲風，表示腐敗、安逸的風氣。本卦建議：在瀰漫一片敗壞風氣之中，須力圖革新，循序漸進，才能在一片紊亂中，慢慢改善而有好的進展。如圖：山谷間草木枯萎，沒有生機，因爲瘴氣迴盪山谷之間，主角也因此受到瘴氣侵入，頭昏而臥倒於山谷中。此一瘴氣是慢慢吸入的，所以，在初期他並不自覺，直到不支倒地時，已受到嚴重瘴氣的入侵。此現象代表著個人或企業積習已久，現在發生的問題，已累積一段時日，剛開始未經察覺，沒有處理，以致最後不知不覺中要付出很大的代價。此時能量尚低，不宜大刀闊斧革新除弊，而應該體察、瞭解問題的癥結，從根本上進行革新、改良，才能轉危爲安。

【卦　　解】敗壞、蠱毒、長久以來的壞習慣，宜根除過去的錯誤。

【心靈建言】內心有很多積習已久的困擾，導致身心失衡，出現紊亂，不要迴避，應正視問題，若經久不處理，堆積的問題不但不會消失，還會反撲得更猛烈，使人身心俱疲。千萬不能忽略這些問題，它提醒我們要及時面對問題、去解決難關。人無完人，每個人都會犯錯，改正錯誤需要時間，但如果拖延不去處理，事態就會愈來愈糟，以致不可收拾、無法挽回。不用害怕別人批評你的過去，改善永遠來得及，只要從現在開始眞心改變。

【運　　勢】險惡、無助、停滯不前、紊亂不安、運勢差，諸事不順。不需太在意、擔憂，時運不濟時，靜下心來，利用這個階段去充電，好好反省檢查過往，找出問題的癥結所在。放慢腳步，深刻思考狀況發生的「眞正原因」，仔細尋找有效的對策，或是請教有智慧、有經歷的長者或專家，一同來想辦法克服困難，走出逆境。只想不夠，更要身體力行，用行動去糾正錯誤，只要鍥而不舍，必能一掃陰霾，扭轉乾坤。厄運、橫阻並非壞事，也不是老天爺在找我們的麻煩，而是在教導人們省思並痛改前非，根絕以往的負面言行，去追求不斷的成長和進步。堅定信念，努力下去，一切都會變得更好。

【婚　　姻】諸多苦惱、磨練，很難修成正果。兩人性格、價值觀、生活態度相差甚巨，要和諧相處著實不易。除非雙方下定決心自我改造，相互尊重、學習、接納彼此，不然很難得到另一半的信任和肯定。

【戀　　愛】難成。可能有第三者介入，感情複雜，很難維繫長久情感。

【生意買賣】不順、停滯。先不必急於談生意，靜下心來思考，找出問題癥結之所在：是自己能力不足，或準備不充分，還是產品缺乏競爭力等等。找到了原因之後，就快馬加鞭，努力改進，開創新局。本來交易難以達成，但只要轉念，努力讓自己變強、變好，生意自然會找上門來。

【投　　資】氣運不佳，現階段完全沒有機會獲利，可能是缺乏投資的專業知識。別急於投入，先自我充電、強化實力，再投資，自可獲取利益。切記：無法獲利是自己做得不夠好，並非時運不佳，別怨天尤人。更不能爲了財富，鋌而走險、違法亂紀，「夜路走多必碰鬼」，不可不慎。

【考　　運】努力不夠，成績不理想。要痛定思痛，找出成績差的原因，訂定解決對策和計畫。提高鬥志，勇往直前，才能取得好的成績。

【求　　職】運氣不好，實力不足，努力不夠，難找到滿意的工作。別急於找到最好工作，先降低標準，從基層做起，再利用機會讀書、充電，等實力提升，再尋覓更好的職務。

19 地澤臨

19 地澤臨
親臨、督導、指揮、
佈署、充分授權。

吉

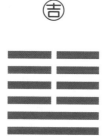

【卦　　象】外卦爲地，內卦爲澤。陸地高，湖泊低，放眼望去景致宜人。人立於高處，居高臨下，海闊天空，心情舒暢。此卦有親臨督導之意，多接觸、關心下屬，與下屬打成一片。選擇重點事物親力親爲，其他次要事物或下屬能力所及之事，要指導、授權部屬去執行。身爲上位的人，不可傲慢，不可自負，不過度干涉或苛求他人。指導無須鉅細靡遺、過度關注，應在可容許範疇內盡量放手讓下屬去處理，以培養信心，工作進展自然會更加亨通。

如圖：人站在山頂，居高臨下，綜觀全局、有益於宏觀構思未來及工作的整體運作。如君臨天下，看得清、看得遠，對全局瞭若指掌，親定執行策略、藍圖，再親臨指導眾人，引導分工合作、合力進擊，大業必成。

【卦　　解】親臨、督導、指揮、佈署、充分授權。

【心靈建言】展現愛心與關心、善待他人，以智慧來感化人，用道理來服眾，以身作則，好運氣、好事情一定會降臨。把握自己現有的資源，等待大好機會到來，全力衝刺。用心準備，把握契機，努力行動，制定的規劃與目標一定會實現。到時候，內心一定會充滿喜悅之情。

【運　　勢】鴻運當頭、好運來臨、前景亮麗、諸事大吉。如能把握時機，努力不懈，必有大成。運勢好，能順利達成願望。但切記：運氣雖好，但仍須不斷努力，不可鬆懈、散漫、沉迷於安逸享受，否則大好時機會在不經意中偷偷溜走。身體力行，可以清楚瞭解事情的進展狀況，有利於持續保有勝績。

【婚　　姻】對方溫順、柔和，自己是樂於分享的人，兩人特質相近，是天作之合。應珍惜緣分，共組幸福美滿的家庭。

【戀　　愛】把握時機，熱情追求，就會得到幸福。

【生意買賣】暢行無阻、可順利成交。但不能得意忘形，以免遭遇「滑鐵盧」，功敗垂成。

【投　　資】投資會有獲利，但務必親自參與。不可太信賴朋友或投資夥伴，要全權自己處理，以免「肉包子打狗，有去無回」。

【考　　運】多加把油、努力衝刺，考試成績應該不錯。

【**求　　職**】努力、積極、預先做好求職準備，能順利找到稱心如意的工作。

20 風地觀

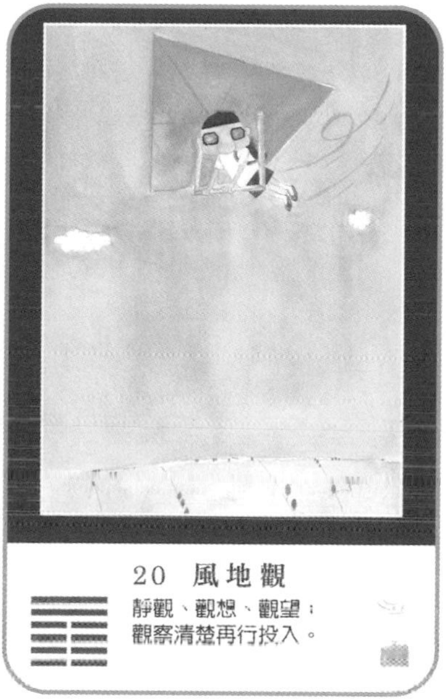

㊔

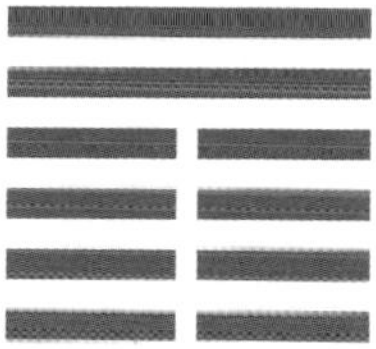

【卦　　象】外卦為風，內卦為地。風在上，地在下，風吹過大地，可清楚觀看到大地上的景物。外卦為風，表示和順的風；內卦為地，表示包容，以大方的胸襟接納對方的所有言行，以開放交流的心態，反而能得到新觀念及新的啓示。

如圖：主角乘著滑翔翼在天空遨翔，從高處往下俯看，地上一切景物輪廓完整呈現。他從上而下觀照全局，比較全面而客觀。細心觀察，靜觀其變，謀定而後動，待時機到來時，就趁勢而為，必能有所收穫。若此時此刻對問題或現狀理不出頭緒，頭腦不清晰，還不知細心審視自我，固執、堅持己見，不能改變自己，則願望不易達成。

【卦　　解】靜觀、觀想、觀望；觀察清楚再行投入。

【心靈建言】生活中，常有當局者迷的情況。不瞭解自己，就不能從客觀出發去看問題；自我認知不足，就不能主動去改變現狀。此時，可以靜下心來仔細觀察周圍的人事物，從周圍人們的生活和經驗中，去認識生活，感悟人生。自省其身，讓自己能全面瞭解自己，設定適合自己的奮鬥目標，創造美好的未來。要得到心靈的寧靜，就不能計較得失，受世俗之事紛擾。靜觀生命的變化，體驗人生的經驗，把握眞實的生活，排除雜念，讓自己的人生豐富而充實。

【運　　勢】起伏變化、吉凶參半，吉大於凶、順大於逆。運勢變化大，任何事物都不能急功近利，靜下來仔細觀察局勢變化，評估周延之後再採取行動。只要小心謹愼、三思而後行，在自身能力範圍之內的期待都可以實現，至於太遠大理想、目標則需要再等待。

【婚　　姻】稍安勿躁，再觀望一段時間，冷靜思考後再決定是否結婚。如雙方性格平和、有包容力，能夠相互尊重、體諒，願意爲對方改變自己，則可以考慮。否則，另覓合適對象爲宜。

【戀　　愛】別急著深入交往，寧缺勿濫。多觀察分析，確認是最適合自己的對象後，再積極追求。謹愼評估後再行動，可以譜出一段甜美戀情。

【生意買賣】別急於成交，應仔細分析思考，找出最佳的合作條件，慎選最適當的合作夥伴，再進行洽談、交易。急於求成，忽略合作夥伴的選擇和交易條件，反而獲利減少。

【投　　資】暫緩投資，先請教投資專家，多方衡量、評估後再投資比較恰當。不經過縝密分析和思考，貿然投入，則會小有損失。

【考　　運】考試成績不錯。不要急於埋頭苦讀，先看看以往的考題，向有經驗的人請教，預測一下最熱門考題趨勢，再集中方向準備考試，就能「事半功倍」，輕鬆考取好學校。

【求　　職】可順利找到滿意工作，但不要急躁，要瞭解自己的優勢、興趣之所在，以及比較擅長的工作領域。多蒐集情報，瞭解應徵公司的經營狀況，再評估自己最適合的職務。知己知彼，方向明確，肯定可以找到適合的工作。

21 火雷噬嗑

21 火雷噬嗑
咬斷、根除、晴天霹靂、
不正當行為；宜快速改善
陋習才不會招致損害。

凶

【卦　　象】外卦爲火，內卦爲雷。火在上，雷在下，驕陽之下，響起雷聲，猶如晴天霹靂。「噬嗑」是用牙齒咬斷去除之意。口中之物，會被咬斷，寓意是需要馬上決斷，立即行動，改正過去不好的行爲、習慣。在此過程中，可能會有衝突或爭執發生，也可能會出現暫時的混亂，不過只有堅持下去，必將掃除陰霾。

如圖：人犯了過錯——當了「偷牛賊」。驕陽之下，本來是極不可能發生雷擊的，他卻被雷擊中，眞所謂晴天霹靂。寓意是：受到雷擊，猶如當頭棒喝，提醒其必須馬上改正不良陋習，清除心中的阻礙，才能撥開迷霧，見到光明。言行不一或有惡習的人，應立即痛改前非，方能避害。要掃除惡勢力、改善不好制度，必然引來反彈或阻撓，所以當步步爲營，小心謹慎，以大無畏的氣概，解決關鍵問題，剛柔並濟，一舉取勝。

【卦　　解】咬斷、根除、晴天霹靂、不正當行爲；宜快速改善陋習才不會招致損害。

【心靈建言】壞事接踵而至，是因爲長期置之不理而造成情況失控，已很明顯造成傷害。應當馬上果決處理，才能糾正錯誤。如果不及時檢討改善，不久將會造成更大傷害。因此，在遇到阻礙或困難時，應及時處理，溝通化解，客觀地瞭解事情的原委，不是猜疑或置之不理，才能大事化小，小事化無。雖然有時容忍不失爲解決問題的方法，但若有涉及法律或是拖延將會帶來極大危害時，則須馬上決斷處理，不可優柔寡斷，猶豫不決，有些看起來是不足掛齒的小事，因爲沒有及時杜絕，結果造成不可挽回的重大失誤。

【運　　勢】阻礙叢生，衝突、矛盾層出不窮，願望、期待難達成，似乎所有不如意的事都擠在一起。這正是徹底檢視自己的好時機，靜心思考自己哪裡不足：是否脾氣太衝，不經意得罪他人？或是有不良習慣嗜好，才惹禍上身？……找到了「不幸」的原因，還要想辦法改正、根除那些負面的言行，全面改造自我。只要眞心改過，「衰」神一定會遠離，好運之神自會降臨。修身養性、避免與人發生爭端，用耐心和毅力面對逆境和困難。寒冬一過，一定是「春風得意馬蹄疾」。

【婚　　姻】阻礙橫生，雙方溝通、交流不暢，常爲小事爭吵，很難和諧相處。兩人性格不和，時常針鋒相對，氣氛緊張，做朋友即可，若論及婚嫁，還須從長計議。

【戀　　愛】爭執衝突不斷，有人從中干擾，或惡言中傷，製造麻煩，想順利談場戀愛大不易。

【生意買賣】阻礙橫生、有人從中作梗，困難不易排除。反省自己是否太強勢、不夠謙和，或是作風強硬，得罪他人，才導致生意洽談不順。找到原因，先改善自己的態度和作法，以後才會有合作的機會。

【投　　資】不宜。投資計畫受挫，可能發生爭訟或被設局詐騙，暫緩投資爲宜。

【考　　運】急性，靜不下心來讀書，準備不充分、草率，成績不理想。

【求　　職】不順。個性太衝動、禮貌不周、人緣不佳，求職四處碰壁。改掉衝動、毛躁的毛病，對求職和改善人際關係都有正面幫助。

22 山火賁

22 山火賁
美化、粉飾、
外在亮麗優雅：
宜增強內在實力。

(吉)

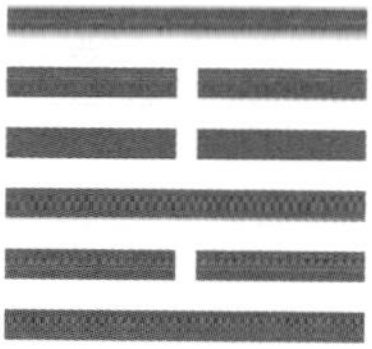

【卦　　象】卦爲山，內卦爲火。山在上，火在下，山下有太陽，表示紅日即將西沉。絢麗晚霞把山下花草景物都照亮了，增添彩霞光芒，美麗的餘韻有粉飾、美化的功能。

如圖：落日西下，金色的霞光灑在山坡上，絢麗多彩。灑在全身漆黑的烏鴉身上，就像給烏鴉披上了一件光彩奪目的七彩羽衣，令人賞心悅目。俗話說「馬要鞍裝、人要衣裝」，良好的外部形象會給人留下好的印象，在有良好外部形象的同時，又具有光明磊落的內在人格，且做事態度積極正面，爲人表裏如一、言行一致，則是最佳形象。寓意不能虛有其表，外強中乾，應當內外兼備，方能成功。

【卦　　解】美化、粉飾、外在亮麗優雅；宜增強內在實力。

【心靈建言】人的服飾儀表、舉手投足、言談舉止，能直接反映其氣質修養；一家重視誠信、務實、以客為尊的企業，其產品一定會得到客戶的信賴，發展一定很順利。所以，好產品需要有外在美麗的包裝或行銷，才能得到消費者青睞；但若過度包裝而沒有重視產品的品質，定會受到消費者的質疑，影響企業的發展。同理；外表整潔、應對進退有據，外部形象好的人，他人也樂於與之打交道。人的外表是給他人的第一印象，應相當重視，這是一種基本的禮貌與尊重。外在形象和內部實力同等重要，不可偏廢。既要美化外貌，同時努力充實內涵，培養專業能力，才能得到他人的肯定與敬重，確保事業順利成功。

【運　　勢】運勢不錯，但收穫總是不多，並非機運不佳，而是努力不夠。運氣好、自身條件優越，表現相當亮眼；但實力卻不夠堅強。剛開始總是引來大家注目和高度期待，但常常會在緊要關頭失常，令人扼腕。需要不斷提醒自己「下苦功才能成功，行事不能全憑運氣」。堅信只要持續訓練，精益求精，表現才不會時好時壞。好運到，加上鍥而不舍的努力，期待與目標大多能夠順利實現。

【婚　　姻】感覺不錯，是眾人羨慕的夫妻；但實際彼此並不十分滿意。雙方性格差異大，生活認知不同，節奏步調有差距。若要改善現狀，須良好互動，縮小雙方性格、偏好的差距，才能做到表裡如一，成爲名副其實的好夫妻。

【戀　　愛】順利交往，開始感覺還不錯，但隨著深入交往，可能發現對方虛有其表，而感情生變。若能善用熱戀的催化作用，激勵其改掉性格中不夠穩健的地方，做個有內涵、有眞才實學的人，戀情成功的比重一定大大增加。

【生意買賣】小買賣可成，大買賣須等待。注意產品是否有瑕疵，競爭者的產品是否更好。如能提昇自己的實力或產品競爭力，未來的交易會越來越順暢。

【投　　資】小額投資會獲利，大額投資暫時不宜。不能貪心，獲取小利益的同時，加強培養投資理財能力，等待時運轉強，再行加碼投資。

【考　　運】因爲考運好，可取得中上成績。如不繼續努力，徹底打好基礎，考試成績會不穩定，忽高忽低。

【求　　職】長相、儀態、談吐出色過人，但實力不夠強。可找到好工作，但因努力不夠，很難更上層樓。必須不斷充電，未來才有保障。

23 山地剝

23 山地剝
剝落、崩解、
衰敗、沒落；
讓一切事物自然發生。

凶

【卦　　象】外卦爲山，內卦爲地。山在上，地在下，山因受到風化而導致土石傾倒、剝落、山崩，象徵事態嚴重，已到無可挽回的地步。這是大自然的規律，非人力所能改變，因此還不如就讓它全部剝落，就會回歸穩定。外卦爲山，表示沒有動力、停滯；內卦爲地，是包容、服順、配合、消極。內外卦都缺乏動力，就像崩解中的山，漸漸面臨崩塌的命運，無力挽回。

如圖：因山上土石不穩定，導致坍方、剝落，大量土石斷斷續續地掉落地面。不穩固的岩石，只要讓它落下、崩解，山就能重新回到穩定狀態。寓意很多事物如果已經毀壞殆盡，也不必太在意、別勉強補救，讓它自然而然發生，相信「否極泰來」，一切會好轉。「山地剝」爲超低能量之卦，此刻應採取消極、順從的態度，萬事不要強求，一切順其自然，順應大自然成敗、消長的循環。期盼的願望不易達成，要懂得割捨，以退守爲吉，面對現實、接受損害，不須太執著，只要撐過此一時期，待汰舊換新完成，一定會見到生機。

【卦　　解】剝落、崩解、衰敗、沒落；讓一切事物自然發生。

【心靈建言】世上所有事物都會毀損、衰敗，是自然現象。乍看是凶、是壞、是失去，但沒經過破壞及毀損、崩解，就無法得到更新及重生。就像山崩會將危險、不牢固的岩石剝落，岩石才會重新回到穩固、安全的狀態。即所謂吉利、好事，都是在衰敗或瓦解之後才能得到，從這個意義上說衰敗是正常的過程。對人生的起伏變化，要坦然面對，瞭解這是自然過程，不要因衰弱、失敗而垂頭喪氣，以正確的態度來面對衰亡，要學習順應逆勢，難關自然會排除。

【運　　勢】剝落、脫序、沒落、窮困不堪的階段。衝突、遭人誤解或是惡意中傷。運勢下滑到谷底，進退兩難，此時不要躁進、慌亂，要定下心。時局不對，機運不來，趁此機會沉靜心情，別強出頭、做大規模變動。逆境之中更要謹慎、小心，努力充實自己能力，別氣餒、別擔憂，相信好壞、順逆交替是自然法則。「物極必反」，等逆勢、酷寒冬盡，順勢、百花齊放的春天會到來。

【婚　　姻】不吉，兩人不適合結婚。兩人性格不合，相處不會產生相生、正向效果，反而會愈來愈缺乏生命活力。婚姻不會幸福、美滿，另覓對象爲宜。

【戀　　愛】目前沒機會，別心存太高期待，早點放手，儲存能量，等待更好對象出現爲佳。

【生意買賣】時機不好，對方也無達成買賣的誠意，不如以退爲進，養精蓄銳，等待其他更好的交易時機。

【投　　資】不宜，大好時機已過去，景氣、運勢都在消退之中，此時投入必定血本無歸，有破財之虞。

【考　　運】不佳，成績很不理想。

【求　　職】難成。此時人力市場已飽和，競爭激烈，自己很難脫穎而出。不如靜待時機，好好自我充實，或先找到「還可以」的工作、職務，等人力市場需求提高，自己也充完電，再尋覓更滿意的職務。

24 地雷復

(吉)

【卦　　象】外卦爲地，內卦爲雷。地在上，雷在下，地下有雷震，大地震動，萬物翻騰，一切從頭開始，象徵反覆循環及復甦。表示：去除過去種種，重新出發，前途一片光明。

如圖：村莊在地震之後，土地遭撕裂、扭曲，建築物、樹木、電線桿通通傾倒。嚴重損害，乍看之下是凶災，其實未必如此。大可利用這個機會做都市更新計劃，經過妥善規劃重建，未來這個城鎮將會煥然一新，一切都會更美、更現代化。期盼的願望不可得，要懂得割捨，以退守爲吉。須面對現實，接受損害，不須太執著，只要撐過此一時期，等待汰舊換新完成，就會見到生機。現在狀態雖已排除過去的陰霾，但能量尚不足，對環境亦不熟悉，若過於貿然前進，反而生害。要腳踏實地，循序漸進，必有所成。

【卦　　解】復甦、反覆循環、重複、恢復、重新開始。

【心靈建言】大自然與人生變化規律一樣，好壞、成敗、順逆、起伏，不斷交替，周而復始，反覆循環。冬天凋零的落葉，雖會歸於塵土，但它會滋養土壤，使來春的綠樹更青翠，更有生命力。冬天、落葉歸根未必是不好，它是自然的一部份，沒有冬天、逆境，就不會有春天、順境。人生際遇不會一直都是厄運、逆境，也不會總是一帆風順，兩股相反的力量交替演變，才創造出豐富、多變、充滿新鮮和趣味的世界。我們常會犯錯，但不須憂慮擔心，只要從現在開始徹底改變，接受過去的錯誤，及時改正，就會有進步。所以，我們不管發生好事或是壞事，只要勇敢向前邁進，堅持到底，就會發現過程總有酸甜苦辣，但所有結果終將是美好的。

【運　　勢】「一元復始，萬象更新」。運勢已由負面轉向正面，逆境即將消失，順境正蓬勃發展，一切陰霾全都掃盡。前段時間的逆勢、阻礙、困頓，現在都撥雲見日。但不可鬆弛、怠惰，要吃苦耐勞，按部就班、一步一腳印地認眞打拚，踏實築夢才能有成。運勢漸漸轉旺，但還未「如日中天」，仍須持續努力。小願望都可達成，大願望還須加把勁才能實現。

【婚　　姻】誤會、不如意都已過去，感情逐漸濃郁，

「倒吃甘蔗」，是結爲連理的時候了。雙方互相包容，接納、欣賞，相輔相成，可成佳偶。

【戀　　愛】過去的誤解都已冰釋，感情逐步加溫，可譜出甜蜜、動人的戀情。

【生意買賣】已走出困境，失去的客戶紛紛回籠。辛苦打拚、付出已到收成之時，堅持下去，交易會成功，並有可觀的利潤。

【投　　資】景氣好轉、投資可獲利，不要急功近利，稍安勿躁，謹愼布局，逐漸增加投資，才不會「呷快弄破碗」。

【考　　運】成績好轉、有進步，別滿足現狀，繼續加油，未來成績會更好。

【求　　職】過去辛苦耕耘，現終於看到成果。時來運轉，努力不懈，可謀得理想、稱心如意的工作、職務。

25 天雷無妄

25 天雷無妄
慾念太多、心思雜亂；
宜腳踏實地、去除妄念。

凶

【卦　　象】外卦爲天，內卦爲雷。天在上，雷在下，做人「行得正、站得穩」，心中沒有妄念及畏懼，天雷震撼也不受驚動。做事要光明磊落、合乎正道、腳踏實地，內心純眞、沒有貪婪的妄念，平常心、不強求、不使詭計騙人，就不會有凶險；若反其道而行之，則勢必厄運連連。

如圖：雖然天上打雷，但沒有打到男主角身旁「心術不正」的人。象徵著人在做事，天在看，心懷不軌、貪慾多的人，易遭不測。因爲端正、不做虧心事的人，根本無視轟天響雷的存在。行爲正直的人，單純、沒壞心眼、不越軌，自然心安理得、無所畏懼。

【卦　　解】慾念太多、心思雜亂；宜腳踏實地、去除妄念。

【心靈建言】慾望過度，使人不知滿足，常常是已經擁有很多，卻還是拚全力追名逐利。雖然慾望是成功的原動力，但若使用狡詐方法，過度追求慾望，反而會使人內心不清明、做事不踏實，自尋苦惱。所以，行得正、坐得端、內心豁達坦率，一切外在的煩惱都不會影響到我們。要像小孩般天真地看待世界，沒有不當妄念，單純地、自然地去體驗生命的每一個過程。吃飯時，好好品味食物的色香味；運動時，就享受那淋漓舒暢的快感。去體驗領悟生命的喜悅，高高興興經歷所有過程，別過度追求慾望，迷失在功名利祿之中，忽略生命的美好。

【運　　勢】運勢好壞交替，凶多於吉。得失、好壞、起伏交替出現，是大自然變遷的正常法則。運勢不會永遠在高峰，也不會一直在谷底。順境、高峰時，要積極、努力、勇往直前，讓生命結出豐碩的果實；逆境、谷底時，就要培養自己的毅力，堅守節度與操守，撐過難關困阻，下一個高峰就會到來，讓人生大放異彩。所以不須在意一時的順逆、成敗。倘若在困境之中，不知節制，產生非分之想，圖謀不當利益，而做違法或傷人的情事，必定帶來嚴重災難。行事秉持正念、眞誠無欺，追求合理目標，必能達成。逾越能力的期待，或是強求非法利益，必遭凶災，不可不察。

【婚　　姻】雙方的心態、行爲決定是否能得到幸福、美滿。秉持眞心誠意、認眞交往，不要三心二意，更不可發生多角戀情，婚姻定能圓滿。倘心懷鬼胎、缺少眞誠，則不宜結婚，以免鑄成大錯。兩人只要相互尊重、眞心相待，會是不錯的姻緣。如果不知珍惜、互不相讓、相互欺騙或有其他企圖，則姻緣難圓。

【戀　　愛】如果心猿意馬，只是爲了好玩、缺乏眞心，奉勸盡早結束戀情。若是對方表示沒有交往意願，就該謙和、有禮的離去，千萬不可使用不當方式強行交往，才能避開凶險。

【生意買賣】雙方期待有落差，恐生意難成。若心懷不軌、詐騙、貪財，則無法順利交易。即使買賣完成，也要維持信用，才能維持長久合作關係。

【投　　資】期待太高難以達成，嚴禁不法投資，才能杜絕厄運或是牢獄之災。

【考　　運】成績不太理想，有努力空間。如果爲了得到好成績，用不當方式作弊，成績會一塌糊塗，或是受到嚴厲處分。

【求　　職】好的機會尚未到來，求職成功機率不高努力、勤勞、用正當方式求職，會找到工作。如果用欺瞞方式，提供僞造的學、經歷相關資料，就會帶來麻煩，求職不利。

26 山天大畜

吉

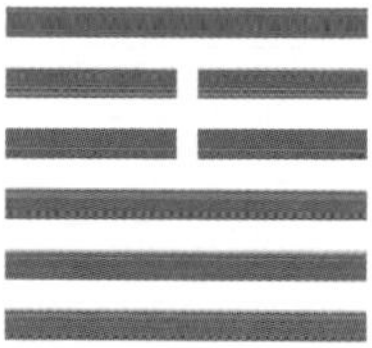

【卦　　象】外卦爲山，內卦爲天。山在上，天在下，天的動能不斷上升，山將天的無限能量完全儲存，厚植、蓄積實力。外卦爲山，表示原則及篤實；內卦爲天，代表無限動能和積極進取。篤實、踏實可以防止能量、動能過度發展，收斂、儲存實力，未來會有更大發展。目前能量、戰力逐漸增強中，積極進取中須注意別進展太快速，多多培養實力，在平和、規範下精進，持續貯藏能量，來日必可大展鴻圖。若太過鋒芒外露或發展太迅速，能量易耗盡，反而容易招致失敗，運勢由盛轉衰。如圖：某人在高山修行，儲存精神能量。在山中靜心充電、學習，以累積實力，爲未來事業發展預做準備。多充實能力、提前研究可能遇到的難題，提早制定今後發展的規劃，一旦自我實力變強，時機一到，必能一鳴驚人。

【卦　　解】累積能量、儲蓄、大收穫。

【心靈建言】目前能量逐漸充足，想做的事情很多，有時不免急躁，想馬上投入大量資源去完成夢想，但因爲內、外部環境還有一些阻礙，事情不會進展太快速。此刻應該一邊行動，一邊儲存能量，保存實力，累積更厚實的力量、人際關係或一切資源，以待最佳時機到來。目前應堅守原則、保持信念、儲存能量，不斷精進，願望一定會實現。

【運　　勢】氣勢逐漸加溫中，前景看來不錯，要好好保握機會。運勢漸強，但還沒到「最佳時刻」，目前還須養精蓄銳，培養實力，應謹愼，勿躁進，大量累積資本，待內、外在時機成熟，即可大展鴻圖。

【婚　　姻】初期會有阻礙，不順利。應彼此增加信任感，凡事培養默契，日久生情，互相瞭解後，婚姻關係幸福和樂。

【戀　　愛】雙方個性有差異，多花時間培養感情，再過些時候，戀情會逐漸加溫。

【生意買賣】開始會有困難，雙方都會堅持一些原則，不易達成交易。但經過充分準備，瞭解雙方需求後，再進行深入交涉、溝通，會有滿意成果。

【投　　資】投資的標的物是正確的，但目前不是最佳投入點，可多花時間研究，以累積足夠的經驗再行投入，肯定有收穫。

【考　　運】成績不錯，因準備工作不充分，實力並未得到全部發揮，再加點油成績會更好。

【求　　職】時機尚未成熟，一開始找工作可能碰到阻礙，但因實力不錯，只要多充實專業技能，多找幾家公司，稍等待一些時日，會找到一個可以發揮長才的工作。

27 山雷頤

27 山雷頤
頤養、靜養、滋養充電；
讓身心靈達到平衡。

㊐吉

䷚

【卦　　象】外卦為山，內卦為雷。山在上，雷在下，山下有雷電釋放出氮氣（氮肥），山下草木獲取養分迅速成長，有頤養之意。內心想要行動、振奮、改變現狀，要踏實、穩健心存善念去執行，不要因為急於改變而失去節制，為自己帶來麻煩。頤養是指謹言慎行、生活飲食節制，防止紊亂、過度虛耗，使身心得以休養。

如圖：雷打在山下，產生氮氣，氮肥滋養稻苗，稻草得到了「頤養」，加上適度的陽光、水、空氣，稻穗逐漸生長、成熟。此卦有頤養之意，提醒要注意養生之道，就是強調均衡適中、順乎自然的生活，不可暴飲暴食，要節制過度慾念。

【卦　　解】頤養、靜養、滋養充電；讓身心靈達到平衡。

【心靈建言】別因生活忙碌而忽略身體健康。很多人面對壓力，就會大吃大喝，吃了過多油膩、不健康的食物，身心的壓力反而有增無減。過量的食物或慾望，會讓身心靈失衡，帶來痛苦和疾病。要排除壓力，必須簡化生活和慾求，注意調養生息，適當飲食、休息、運動及放鬆心情，最能讓身心回復健康。

【運　　勢】運勢漸趨平順。此時不宜積極進取，應先修養身心再出發。此刻要特別注意謹言慎行、注意飲食衛生，防止禍從口出、病從口入。別急於開拓事業，謀取獲利，待調整好身心狀況再求發展，必定事半功倍。合理的小目標會實現，太遠大的抱負和期待不易達成。耐心等待，別急躁，好好靜養、充實自己，別勉強或太積極作爲，否則會帶來麻煩或招致傷害。

【婚　　姻】靜心觀察雙方個性、背景、嗜好、生活習慣，仔細評估、比較後，再決定是否要步上紅毯。婚姻有機會，但千萬不要急躁，不要爲了結婚而結婚，彼此一定要多加了解交流，等到確認雙方意願，敞開胸懷接受對方，共同成長時，再締結良緣。

【戀　　愛】有機會但要保持冷靜、理智，先充實自己，等心態調整好了，身心更成熟，情緒、心境較爲穩定了再行動不要急於進展，循序漸進培養感情才能開花結果。

【**生意買賣**】不急於成交，以免徒勞無功。先固本、培養戰力。做好專業訓練、提升商品和服務品質，提高競爭力後再開展業務，交易就能成功。

【**投　　資**】有機會，但要先從小投資開始，同時要繼續充實專業投資知識，靜心等待時機到來，別貿然投入太多，否則會有損失。

【**考　　運**】中上，會越來越好。不要一直擔憂考試成績的好壞或急於有好成績，定下心來專心讀書，紮實把課程學好，成績自然會提高。

【**求　　職**】有機會，但別急於找到最好的工作，即便不是最滿意的工作，也可以嘗試看看。一邊工作、一邊進修，打好基礎，加強專業能力，培養認眞、負責的工作態度，等實力具備了，再找尋更好的工作職務。

28 澤風大過

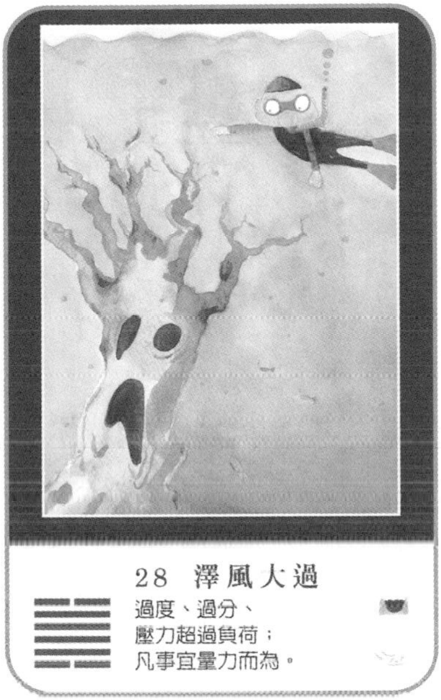
28 澤風大過
過度、過分、
壓力超過負荷；
凡事宜量力而為。

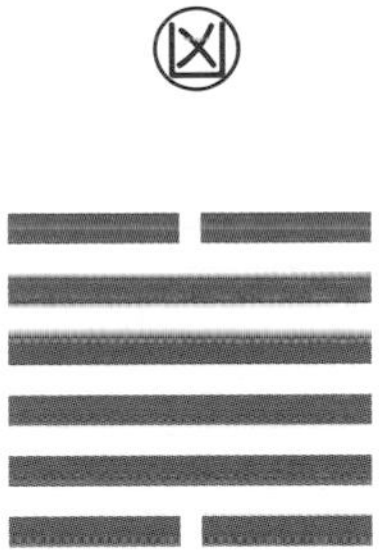
凶

【卦　　象】外卦爲澤（湖泊），內卦爲巽風。平靜的湖泊水聚集的地方，水可供樹木生長所需；但水量過多會淹沒樹木（巽在天上爲風，在地上代表樹木、木頭），樹木不但無法成長，反而會腐化、死亡。寓意一切事物過度了就會產生反效果，所以行事要量力而爲，別超出自己的能力。凡事過度，即使是善意，也會自找麻煩。適度、調和，掌握分寸，在能力之內行事，才會有幫助。

如圖：樹木有些枯萎，只要用水灌溉，即可獲得生機；但如果被太多的湖水淹沒，對它就造成了傷害。所以注意調節生活形態，凡事把握分寸，才不會做出對己、對人太過分的事情。

【卦　　解】過度、過分、壓力超過負荷；凡事宜量力而爲。

【心靈建言】身心負載的壓力已超過警戒線，即使出發點是好意，也會導致過度負擔。此時須做調整，做自己能力所及而且別人願意接受的事，還要保持心情快樂去做事才對。去體會什麼是「恰到好處」，保持樂觀，不斷改善、拿捏輕重，一切都會變得順暢、美好。

【運　　勢】艱辛、挫折，壓力、挑戰很多，加上期待太大，會陷入凶險境地。學會評估內外局勢，做到知己知彼，訂定恰當的目標、期待，願望方可達成。若未做好謹慎評估，目標過於遠大，明顯超出能力所及，就會招致失敗、帶來損害。

【婚　　姻】雙方對婚姻的期待太高，會苛求對方。如無法合乎對方要求，勉強相處，也無法獲得幸福。

【戀　　愛】對戀愛期待太高、很難找到滿意適合的對象，降低標準、切合實際才有成功機會。

【生意買賣】不順暢、阻礙多。期待太高，超出對方能接受的條件範圍。試著從實際面出發，設定合理目標，才有機會成交。

【投　　資】期待太高，景氣不佳，超出自己能力所及範疇，投資無法成功。

【考　　運】期待過多、過高，超出自己實力，考試成績不佳。

【求　　職】期待、要求太高，難以達成。太高職務、太優厚薪資的工作，可能是一種誘餌，要注意防止上當受騙。

29 坎為水

29 坎爲水
凶險、陷落、不可預測的
危險、恐慌；宜強化學習
勇敢正面面對逆境。

凶

【卦　　象】坎代表水，艱難、凶險、陷落之意。內外卦皆爲水，水上加水、險上加險，處境艱困異常。坎卦表示重重困境，險象環生，難以突破。

如圖：大海中行舟，本來就很危險，又遇到高過於頂的大風浪，人在大海中載浮載沉，面對難以突破的艱險困境，內心充滿恐懼。要在大海中求生，千萬不可失去信心，必需要有堅強的信念與意志，才能闖過這個難關。愈艱難的環境，愈可以激發人的潛能。面對艱苦環境，雖短期難以克服、脫困，但無須憂慮、急躁。此時，因能力不足應付外在威脅，所以更要小心、謹慎、有耐性，要忍辱負重、不斷刻苦學習，終能戰勝困難，踏上勝利的彼岸。

【卦　　解】凶險、陷落、不可預測的危險、恐慌；宜強化學習勇敢正面面對逆境。

【心靈建言】現實處境不順心，心情灰暗、恐懼、沮喪。生活中諸多不確定的東西，讓人無所適從。要知道生活中不順心、不如意是「常態」，此時更要有堅定的信念，調整好自己的情緒，學習轉化負面因素爲正向能量。逆境中更要發揮自己的潛能，用實際行動去探尋一條成功之路，讓自己重新燃起生命的活力。不要抱怨、不能放棄，用行動糾正、檢討錯誤，排除負面情緒的影響，提升自己的抗壓性，一定能走出困境，開創新局。

【運　　勢】坎卦爲易經四大難卦之一。此刻運勢跌到谷底，凶險、非常艱困、災難不斷、勞心勞力、諸事不順。在此多事之秋，更要小心、謹愼、低調，不強出頭、不要鋌而走險，更別氣餒，相信下一步就能時來運轉，「柳暗花明又一村」。就像出海捕魚的船隻遇上大風暴，驚險萬分、困難重重。別擔憂、畏懼，利用該威脅訓練自己的膽識和面對挫折的勇氣，很快就會「雨過天晴」，你將載滿豐收的魚貨歸來。運勢不順，短期願望難以達成，但別放棄，加緊努力，好時機即將到來。

【婚　　姻】雙方都焦慮、不安、冷漠，相處會加深負面、灰色的氣氛，對彼此而言，都不是最好的結婚對象。

【戀　　愛】苦惱、誤解、不順暢，相互不易信任對方。

另覓合適對象爲佳。

【生意買賣】不順、誤解、沒交集、價格談不攏，提早放棄，另覓適當交易對象爲宜。

【投　　資】不宜，可能被設計陷阱而破財。時機不好，要暫緩投資，可避免損失。

【考　　運】學習成效不佳，考運又差，雙重阻礙，成績自然不太理想。

【求　　職】不順利，無法在短期內找到滿意的工作。

30 離為火

吉

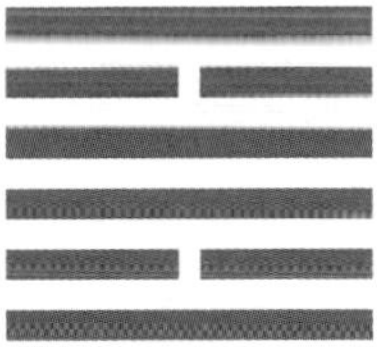

【卦　　象】離代表火、光明。內外卦皆爲火，代表熱力、光輝、美麗。就人際互動而言，表示雙方都有活力、衝勁、熱情，有共同的努力方向，合作默契很好，未來一片光明。離爲火卦，象徵積極努力、釋放光芒、旺盛、有智慧、成功。火的本質本可以提供溫暖，但火燒過旺，就會造成災害，或是很快就把木材燒盡而熄滅，寓意擁有成功時，要防止過於激進、目空一切，要讓自己冷卻下來，避免只是「曇花一現」。要像取暖的爐火，慢慢添加乾柴，讓它持續發光、發熱，不要猛加柴火，才不會很快就熄滅，熱力減退。

如圖：運動選手在大太陽底下拿著火炬，爲傳遞聖火而跑，天上的太陽（大火），和手上的火炬（小火）相互爭輝，充滿光明、熱力四射。火炬的傳遞帶來溫暖榮耀與熱情，大家朝著共同目標、光明的未來而跑。

【卦　　解】光明、熱情、智慧、保持進取心。

【心靈建言】點燃自身熱力，活出生命熱情。不必在意他人，也不要在乎種種限制，堅持發光、發熱，保持活力，即使被冷水澆熄，也要繼續添加木材，一直旺燒下去。熱情地把能量投入到工作、生活中，生命會充滿驚奇。要有活力、鬥志，讓周圍的人感受你的熱情與旺盛生命力，但要注意謹言慎行，保持耐性、勿急躁，別火熱過頭烤傷別人。

【運　　勢】衝勁十足，運勢如同火炬、太陽，亮麗耀眼、充滿光與熱。大刀闊斧、勇往直前的時刻來臨了。火焰燃燒，熱度有餘，但溫柔不足，過度燃燒的熱氣會讓人不舒服，所以要注意適時降溫、適時放慢速度。不可鴻運當頭就自負、狂傲，不聽從他人建言、一意孤行。努力、衝勁，加上虛心好學、採納多方建議，願望都能順利實現。

【婚　　姻】宜。雙方都有活力、充滿熱情，思維、生活模式很相近，婚後生活充滿驚奇、挑戰。但要注意保持適當距離，別靠太近，天天膩在一起，反而會熱過頭，產生衝突、爭執，有時稍微冷卻下來，保持距離更能和諧，更可持之以恆。

【戀　　愛】兩人都很活潑、熱情如火，彼此有好感，一拍即合、進展順利。但別熱過頭，注意適時降溫，否則三分鐘熱度，戀情來得快，去得也快，轉眼即逝。

【生意買賣】 努力、認真、衝刺，可順利成交，但別太急躁，會嚇跑對方。成交後，更要注意做好售後服務，合作關係才能長久。

【投　　資】 運氣大好，可以投資，但仍要小心謹慎，看清楚投資標的、合約內容再簽署，否則粗心大意會造成損失。要隨時注意投資獲利狀況，不要投入後就掉以輕心，才能持續保持獲利。

【考　　運】 沉著應考，不急躁、不粗心、不慌亂，成績會很不錯。

【求　　職】 機會不錯，別急躁、沉著應試，態度謙和可以順利找到滿意工作。

31 澤山咸

31 澤山咸
感應、共鳴、相互吸引、
情感交流、真情流露。

㊐吉

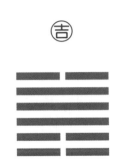

【卦　　象】外卦爲澤，內卦爲山。澤在上，山在下，山上有澤，湖泊的水向下滲透，山的泥土因吸收湖的水分而滋潤；位處在下的山，支持著湖泊，讓它有立身之處。兩者相互感應、交流，使湖泊更清澈，山峰更美麗。就像是山上的天池充盈著靈氣，寧靜而美麗，與天地相互感應。就人際關係而論，外卦爲澤，代表對方個性喜悅、喜分享；內卦爲山，表示自己性格篤實、有原則、會支持對方，雙方投緣、默契佳、常能感應共鳴。「咸卦」強調寧靜、無我、柔和的重要，鼓勵大家學習「放下」，只有放下自我，才能眞實感受到與他人、與

大自然萬事萬物之間的感應、一體融合。此卦也表示人緣關係好，與人相處和諧、心心相印，事業和人際關係都能順利拓展，但須注意男女交往，感應要適度，不能濫情，否則會惹上不必要的麻煩。

如圖：三個人有志一同，不但同登天池，且心有靈犀：大家同時間想到，要在天池周圍種植美麗的樹木，讓天池更有靈氣。

【卦　　解】感應、共鳴、相互吸引、情感交流、眞情流露。

【心靈建言】人與人因情感需求而相聚，感情的交流貴在「眞誠」，眞誠才能心靈相通，相互欣賞。敞開心胸去接納他人，坦誠相待，惺惺相惜，充分瞭解對方特質與需求，只有願意分享，付出眞心，才能成爲患難與共的知己。相互眞誠的朋友，在困難時相互鼓勵、支持；成功時共享快樂與喜悅。讓自己更有同理心、包容力，多體會別人的心情，就能結交到相知、相挺的好朋友，讓生命更加美麗。

【運　　勢】諸事大吉。運勢上揚，爲人謙和、樂於助人、人緣佳，總會得到眾人的協助而獲益。但成也「人際」，敗也「人際」，要注意選擇交往正直的朋友，才可爲你帶來成功、進步；反之，若不慎交到「損友」，很容易受壞朋友影響而誤入歧途，斷送大好前程。

【婚　　姻】如膠似漆、你濃我濃、感情深厚，天賜良緣。兩人個性協調，心神相會，默契十足。婚後須節制澎湃的情感，不可濫情，以免惹來桃色糾紛，破壞美好姻緣。

【戀　　愛】 相互有好感，順利交往，是令人羨慕的戀人。但要注意愛情專一，不可見異思遷，否則會錯失一段甜蜜戀情。

【生意買賣】 可成。顧及雙方利益，誠心誠意合作，會帶來財富和利潤。

【投　　資】 運氣好，此時投入會有收穫。但要慎選合作夥伴，不可因是朋友，就貿然合作，會有意外損失。合作前一定要審慎思考、評估，才可確保投資獲利。

【考　　運】 運氣很好，考前猜題準確，成績理想。注意考前專心、努力，別分心在「兒女私情」上，否則會因雜念太多而影響考試成績。

【求　　職】 能順利找到適合的工作。自己有才華、人際關係好，能透過親友介紹、協助，會更快找到滿意職務。

32 雷風恆

吉

【卦　　象】外卦爲雷，內卦爲風。雷在上，風在下，雷起風生，風吹雷動，相互助長，是千古不變的現象，象徵著恆常與永恆。保持恆心、毅力、不要急躁，有安定的心境，加上持續不斷的努力，可以有好的結果。工作及人際、運勢都平安順利，但要持之以恆，切忌做事三心二意、三天打漁兩天曬網，才不會一事無成。

如圖：天上在打雷，地面上風在吹，情況艱困，但兩位主角絲毫未受外在影響，同心協力要把貨物推上山坡。二人目標明確，一前一後相互扶持，不管要花多長時間，一定要堅持到底，完成任務，代表著強烈的恆心與毅力。

【卦　　解】恆久、永恆、持之以恆必能成功、恆心。

【心靈建言】讀書過千卷，就可能成爲作家；要成就大事，就須投入時間及耐心。做任何事在初期都只能看到部分面貌，惟有花時間多接觸，主動、深入去瞭解、觀察，才能看到事物的眞象與問題，才明白機會與威脅爲何，才可能成功。因此，除了積極行動之外，還要持之以恆地學習，讓自己更精進，才能獲得成就。懂得堅持，就能夠更接近勝利。「鐵杵磨成繡花針」，當我們堅定信心、鍥而不舍地努力，就能在各行各業成爲專家，享受成功的喜悅。

【運　　勢】順暢、吉祥、諸事大吉。運勢很好，但要努力不懈，做任何事都要持續投入，不可半途而廢。保持恆心、毅力、踏實，做好規劃，按部就班執行，有始有終、貫徹到底，願望都能逐步實現。

【婚　　姻】雷起風生。對方性格強勁、行動快速，自己溫順、柔和，樂於追隨對方腳步起舞，是天作之合的對象。但要保持恆心、耐力，如果婚後就不知珍惜，會讓美好姻緣幻滅。

【戀　　愛】順利、有進展，但不可三心二意、見異思遷，缺乏忠誠和耐性，戀情就無法長久。

【生意買賣】雙方有共識，可談成。但要有耐性、有毅力和長期努力，不可以完成交易就鬆散、懶散，要不斷耕耘、積沙成塔、積少成多。

【投　　資】有利益，可以投資，但要有定性、毅力，從事長期投資會獲利豐厚。

【考　　運】專心讀書、不分心，持續努力，考試成績會不錯。

【求　　職】順利，但不可找到工作就不知努力，要堅守崗位，持續保持積極進取的態度，不斷進修，未來發展會更好。

33 天山遯

33 天山遯
隱遯、引退、退休遠離；
宜學會暫時放手。

凶

【卦　　象】外卦爲天，內卦爲山。天在上，山在下，天在高處，天之下群山聳立，表示遠離塵囂，有隱遯及引退之意。以人際互動來看，外卦爲天，代表對方霸氣、專斷，不接納他人意見；內卦爲山，代表我方堅持己見、封閉、不願交流，雙方無交集、相互排擠和疏離。有時候，休息是爲了走更長遠的路，退避是爲將事情看得更清楚。當自己能量薄弱時，需要以退爲進，暫時先做個局外人，好好休養、靜待時機，此時不宜有太積極作爲。凡事不要期待太高，也不要滿腹怨言，利用逆境的時刻去休息、充電，等到時機降臨，再採取行動，才有成功的機會。

如圖：主角在高山上修行、隱遁，讓身心先寧定下來，群山環繞，吸取山中靈氣精華、深度休息，拋去俗務的困擾、排除壓力，經過一番沉澱，才能有清晰的頭腦計劃未來、迎接挑戰。隱遯並不代表從此退出，而是暫時調養生息，人生能量耗盡時，需要加油、加水，稍做休息、補充能量後，就可以大膽往前邁進。因此，暫時休息並不代表永遠休息，而是準備迎接更美好的生命歷程。

【卦　　解】隱遯、引退、退休遠離；宜學會暫時放手。

【心靈建言】人生有時隱遯、撤退是必要的。暫時遠離吵雜的環境，適度離開緊繃、充滿壓力的環境，深入寧靜之中，讓人腦放空，隱遯、休養後，才會更有活力。無論物質還是精神，都要懂得拿得起、放得下。隱遯不是永遠撤退，只是暫時休息，緩和心情，等沉澱、抒解後再復出，思緒會更清明，決策也能更貼近現實，更符合自己的期待。性靈提升、全然的放鬆與社會、人群的關係維繫是相輔相成的，缺一不可，投入現實社會競爭、求生存，和獨處、保持寧靜、自我省思是同等重要的，生活要過得自在、成功，就要學習在兩者間達成一種平衡。

【運　　勢】時局不佳，宜隱退，別強出頭。此時安守本分，目標別太遠大，別與人較勁，明哲保身，等待好時機再圖進展。此刻願望不易實現，要耐心等待；若無法按捺急躁情緒，急於表現反而易受傷害。

【**婚　　姻**】雙方認知差距大，對方自視太高，或是雙方家人反對這門婚事，有隔閡、阻礙大，強求可能沒好處。

【**戀　　愛**】有阻隔，可能會有許多競爭者出現，此時激烈追求勝算不大，宜再等待時機。

【**生意買賣**】買賣條件雙方期待有差距，對方要求太高，生意談不成，別投入太多錢財、心力。

【**投　　資**】不亨通、暫時得不到財神爺眷顧，此時宜重節流防破財，等時運好轉再想辦法開源。有投資機會，但自己實力、經驗、財力都不足，投資難有收穫，趁早打消念頭，可防止破財。

【**考　　運**】考運不佳，競爭對手實力堅強，自己又努力不夠，無法順利考取。

【**求　　職**】時間不對、有阻礙或有人從中作梗，看似有機會，其實會白忙一場，盡早打消謀職的念頭。

34 雷天大壯

34 雷天大壯
過度強盛、田強轉弱、
權威、過度自信；
宜學會寬容、體諒他人。

凶

【卦　　象】外卦爲雷，內卦爲天。雷在上，天在下，雷在天之上，雷聲響徹雲霄。內剛健爲天，外強震爲雷，剛健有力，聲勢驚人，能量爆發是爲大壯。外卦爲雷，急於奮起；內卦爲天，能力強、氣勢不弱、勇於進取，這股強勁力道，只要不過度，能守正、不逾越規矩，就可以有所作爲，如果不知所止，放任旺盛能量亂竄，必招來災禍。

如圖：雷聲響徹大地，大地因震動能量過強而裂開，表示氣勢強盛。現在聲勢大、風頭健、有表現，有很高能量，可以全力以赴衝刺，但要防止衝過頭、積極過度，不可忽略禮儀，不然容易得罪人。切忌進展過快，脾氣過於驕縱、無禮，或是侵犯他人。衝過頭、急功近利，反而會遭致迅速衰敗。

【卦　　解】過度強盛、由強轉弱、權威、過度自信；宜學會寬容、體諒他人。

【心靈建言】直率、勇敢、行動力強是性格上的優點，但須注意顧及他人感受，不能輕率直言去傷害他人，更不要因爲能力強、資源多，就行事躁進，或是一意孤行、盲目妄進。做事要踏實，「欲速則不達」，急功近利很難獲得成就。做事要一步一腳印，穩步向前，經過足夠磨練之後，才能讓實力變堅強，才可以面對各種挑戰。依仗自己過人的能力，過於消耗自己的力量或盛氣凌人，不但容易招人妒忌，還會分散自我的力量導致失敗。在行動中，要體諒、關懷、尊重他人，凡事要留餘地，不要得理不饒人，太過分往往會傷害別人和自己。不要過度強盛，緩和下來，少一份強勢、多一分溫馨，才能享有眞正的成功與喜悅。

【運　　勢】氣運強，但已過頭，開始走下坡，由盛轉衰。氣勢轉弱，運氣大不如前，要懂得謙虛待人，如果還是氣焰囂張，到處得罪人，會爲自己帶來麻煩。要謙虛、努力。小事可成、大事難成。

【婚　　姻】雙方個性都很強勢。對方個性剛躁、急性子，自我意識強，雙方互不讓步，摩擦、爭執多，若想締結良緣，雙方要多替對方著想，姿態要放柔和。

【戀　　愛】開始雙方互有好感、打得火熱，但熱情一過、後繼無力，感情無法長久維繫。

【生意買賣】剛開始雙方合作意願高，但漸漸各持己見、認知分歧，無法有共識，難以成交。

【投　　資】看得到好處卻拿不到。小投資可以，大投資難成。一開始火熱、積極投入，卻無法堅持到底，白忙一場。有財運，但來來去去、留不住。要學會節約、守財，最忌揮霍無度。

【考　　運】努力、衝勁十足，但無法持續下去，考試成績時好時壞、不穩定，成績不理想。

【求　　職】運勢由紅翻黑，此刻不宜謀職，要靜待時機，修身養性。

35 火地晉

35 火地晉
晉升、前途光明、
倍受賞識、有進展、
快要如日中天。

吉

【卦　　象】 外卦為火，內卦為地。火在上，地在下，太陽在上，地在下，即旭日東升、光明初現。就人際互動而言；外卦為火，代表一方有熱情、智慧、行動力；內卦為地，另一方有包容、配合之心，雙方互動和諧、如意，各項業務推廣都會有進展。

如圖：太陽還未從地平線完全升起，男主角早已起床，開始健身運動。象徵他事事提早做準備，體力充沛，比別人更賣力、勤奮，可以預見他未來會有好的發展。圖中太陽從地平線緩緩升起，溫度漸暖、活力漸旺，再過些時候就會「如日中天」，比喻男主角即將步步高升，事業、學業、人際皆會有收穫。此時只是日出之時，雖有生機，但能量不強，還須小心謹慎、多熱身，期望向上晉升還有賴持續努力和耕耘。

【卦　　解】晉升、前途光明、倍受賞識、有進展、快要如日中天。

【心靈建言】能夠順利晉升的人，除了擁有熱情和行動力外，還要接受能力強、忠於職守、敬業樂群。敬業樂群即全心全意投入工作，眞心喜歡自己的工作，這樣一定會得到公司重視。只要努力一切都會漸漸好轉，過去的積極努力與辛勤耕耘，肯定有進展。不要缺乏自信，請盡快消除負面情緒，告訴自己：「黑暗已過去，光明就要到來」。相信一切都會好轉，好運即將來臨。放開牽絆大步邁進，成功正等待著你。

【運　　勢】旭日東升，已擺脫陰霾與黑暗，運勢逐步開展，事業、工作、人際關係都有晉升之象，繼續努力，必得貴人提攜，願望都可實現。

【婚　　姻】對方光明、熱情、有智慧，自己願意爲對方眞心付出關懷，兩人情投意合，可締結良緣。

【戀　　愛】一掃逆境，濃情密意逐漸加溫中，感情發展順利。

【生意買賣】對方有誠意，我方也能接受對方條件，生意可望成交，雙方都可獲利。

【投　　資】機會已來到，好好把握機會，有利可圖。財運亨通，可發意外之財。

【考　　運】考運佳，成績愈來愈好。

【求　　職】好機運、有貴人提攜。只要努力，就可找到滿意的工作。

36 地火明夷

36 地火明夷
黯淡、天色變黑、
不如意；宜養精蓄銳、
等待黎明到來。

凶

【卦　　象】外卦爲地，內卦爲火。地在上，火在下，「火」代表太陽，太陽隱沒於地平線之下，表示光明過去，黑暗即將來臨。人際互動而言；外卦爲地，代表對方消沉、被動；內卦爲火，代表我方要積極進取、發光、發熱，但被對方壓抑、冷卻，光芒被掩蓋，故只能韜光養晦、隱藏自己。「明」即光亮，「夷」爲稀少，「明夷」是指光亮消滅、變暗淡，也就是太陽西下，黑暗降臨，失去了光明及活力。

如圖：主角原本想越過重重高山，到山的另一邊，但此時太陽西下，大地一片漆黑，前方又無路燈照亮，再往前走可能有危險，在缺少光亮的狀況下，只能落寞、佇立燈下，什麼事也不能做。此卦寓意現正處於凶險、危難之際，形勢非常不利，運勢下滑、停滯不前。此刻，不宜強力對抗，須先沉寂一段時日，必要時還要付出極大的努力與毅力來排除困境。此卦，暗示內心要如火焰般明亮、正直，外在要謙遜、順從，才能避害趨吉。堅信黑暗之後，黎明終會到來，面臨人生暫時的困境，應先沉寂下來，反思、充電，靜待旭日東升，再有所作爲。

【卦　　解】黯淡、天色變黑、不如意；宜養精蓄銳、等待黎明到來。

【心靈建言】人的命運曲線總會時高時低、起伏不定，時運低下，不如意時，難免會憤恨不平，但時間不會永留於此，暫時的黑夜只是人生過程中的一小段而已，重要的是能否安然度過這黎明前的黑暗，利用這個時刻享受寂靜的美，養精蓄銳，以等待紅日東升。沒有黑夜，我們就無法休息，長時間的亢奮，將使自律神經失調，一切都會失序，所以黑夜讓我們「調節」好自己的生活步調，保持陰與陽、動與靜之間的平衡。黯淡是暫時的，不必爲一時的晦暗而沮喪、憂心，堅信「黑暗終將過去，光明定會來臨」。

【運　　勢】太陽西下、光明消逝，黑暗就要來臨。運勢開始走下坡，諸事不吉，行事務求謹慎、小心。任何大型計劃都要先暫緩，要耐住性子，一邊努力學習、充電，一邊等待時機好轉，愈急於表現，愈容易遭受挫敗，不可不慎。

【婚　　姻】對方消沉、被動，暫時無意結緣，自己卻急於示愛，不但對方不接受，還可能加深厭惡感。請先靜下來，稍安勿躁，才不會壞了終身大事。

【戀　　愛】自己頻頻向對方示好，可惜我方有情他方無意，積極追求，徒增傷感，不如盡早放棄。

【生意買賣】自己熱切期待成交，但對方無心、拖延，導致買賣不成。此時，切忌替人作保，收取支票更要謹慎，要觀察對方信用狀況，避免收到空頭支票。

【投　　資】投資環境不佳、景氣下滑，自己雖急於投資獲利，但時局惡劣，最好打消念頭，以免虧損連連。投資、合作對象也要注意，恐會受騙、上當。黑暗期來臨，好運已用盡，開始走下坡。注意節省支出，防止破財、虧損。

【考　　運】考運差，自己性格又急躁，定不下心好好讀書，考試成績不盡理想。

【求　　職】時機不佳，雖然努力但無收穫，要耐心等待，多充實能力，等待時來運轉，一定可以找到好工作。

37 風火家人

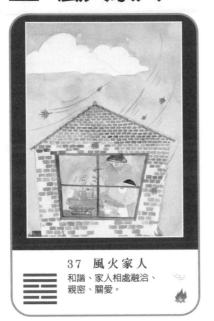

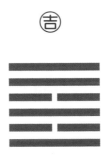

37 風火家人
和諧、家人相處融洽、親密、關愛。

吉

【卦　　象】外卦爲風，內卦爲火。風在上，火在下，火燃燒形成風，風吹動又助長火勢，風火相挺，愈燒愈旺。比喻風火相互扶持、相處融洽，引伸家庭關係和樂。從人際來看；外卦爲風，表對方柔順、服從；內卦爲火，表自己熱情似火，願意支持、協助他人。雙方相輔相成，互相引導，所以事情順暢，感情也如家人般親近、和樂。

如圖：家人團聚在一起，屋外雖然吹著寒風，但屋內一家人圍爐吃火鍋，氣氛溫馨和諧，寓意家人相互支持、關係和諧。此卦，表家人相處應各司其職，相互扶助，共同努力，只要能夠同心協力、團結合作，就能維持家業興旺。也引伸爲人際關係和諧，行事順利、得到更多支持，擁有順暢的運勢。

【卦　　解】和諧、家人相處融洽、親密、關愛。

【心靈建言】家人相互關心，和睦相處，生活才會幸福快樂。因爲家人最親近、相互最瞭解，相互扶持可以帶給家人很大的溫馨感。家人的關愛是生活的動力，家人的關愛，將會帶領我們走向更加幸福美滿的人生。

【運　　勢】平日重視人際關係維護，待人溫和、親切，像對親人般付出關懷，深受大家喜愛。運勢佳、人緣好，總有貴人、長輩提攜，運勢很順暢。謀事多聽聽親友意見，常能得到寶貴資訊，諸事順遂。

【婚　　姻】天作之合，相互照顧、尊重。對方配合、溫順，自己熱情、有智慧，引導對方朝向美好未來發展。

【戀　　愛】關係雖然平淡猶如家人，但雙方溝通順暢、和諧、相互體諒，可發展爲穩定的情侶關係。

【生意買賣】雙方關係融洽、相互幫助，買賣順利。

【投　　資】多聽聽親友、專家意見，多方蒐集資訊，或是和親友合作投資，可有斬獲。

【考　　運】考運佳，積極學習，考試成績不錯。如果可以和三、五好友一起準備功課，相互學習、討論，交換意見，成績會更理想。

【求　　職】平日和善、有禮，深得長輩、上司喜歡，可能透過親友、長輩推薦得到好的工作機會。

38 火澤睽

38 火澤睽
對立、衝突、
背道而馳、誤解；
宜學習異中求同的氣度。

㊇凶

【卦　　象】外卦爲火，內卦爲澤。火勢向上延燒，湖水的寒氣向下，一冷一熱，悖道而行，上下無法交流，就像是兩個人爭吵、互不相讓的對立氣氛。就好比對方是較看重現實問題；自己卻是天眞、樂觀、愛幻想的人。因爲思維與看問題的角度不同，兩人觀念上必定有很大差距，雙方意見相左，沒有交集，時有爭執。

如圖：主角一側身體泡在冰水中，冷得發抖；另一側卻被太陽曝曬，熱到汗流浹背。酷冷與酷熱集中於一人之上，讓人完全無法承受，不僅身體會出現眼睛發紅、有血絲等狀況，還會引起該人內心的極大衝突與震盪。睽卦表示與周遭的不和睦，常因觀念差異、立場不同，發生爭執、對立。告誡人們宜謙讓，多傾聽別人的意見，用心與他人溝通、交流，才能消除隔閡與矛盾，力求異中求同。在調節人際關係衝突的過程，可以讓我們學會瞭解人與人之間的差異，有助於人際協調能力的提升，善於與不同的人和諧相處。

【卦　　解】對立、衝突、背道而馳、誤解；宜學習異中求同的氣度。

【心靈建言】現在正處於內心交戰、對立、矛盾的狀態，常與他人爭論。一個人如果固執己見，就無法設身處地爲對方著想，即使花費再多的力氣爭辯是非、對錯，也只會徒增衝突與誤解而已。請不要一意孤行，應冷靜思考，對方可能有難言的處境。試著改善自己的態度，更溫和，更友善，更尊重對方。對立發生之時也是解決問題之時，趁此千載難逢的機會，妥善處理平時隱忍許久的問題，豈非好事一樁？

【運　　勢】運氣不暢通、事與願違，容易和親友、同事意見相左，衝突、對立不斷，關係嚴重惡化，可能造成孤立、疏離，或是斷絕往來。要克制自己的脾氣，耐心傾聽他人不同想法，多聽少爭辯，才能化解誤會、對抗的局面，避免捲入是非、爭端。時運不佳、牽絆多，願望不易實現，要安分守己，別急於出頭。

【婚　　姻】自己個性較任性，遇上對方脾氣火爆，兩人性格不合、易衝突，不會成功。

【戀　　愛】交往後會發現彼此不投緣、沒好感、志趣不同，還是別主動追求爲宜。

【**生意買賣**】雙方意見不合，各持己見、缺乏交集，容易產生衝突、不歡而散。或是大意成本估算錯誤，造成嚴重虧損。

【**投　　資**】心中很想賺錢，可惜時運不濟，期望越高失望越大，越積極損失越慘重。此階段，最好韜光養晦，努力自我充實、等待時來運轉，以免白忙一場、「偷雞不著蝕把米」。

【**考　　運**】考試準備方向錯誤，或是粗心大意，考試時容易會錯題意，而寫錯答案，成績不理想。

【**求　　職**】個性不穩定、準備不足，容易和面談者觀念不合、起衝突，要注意調節個性，求職才有好機會。

39 水山蹇

39 水山蹇
寸步難行、窒礙不通、
進退維谷；宜堅持下去，
克服所有難關。

凶

【卦　　象】外卦爲水，內卦爲山。水在山上是冰，高山上積了厚厚的雪，在冰雪中爬山，阻礙重重，不但寸步難行，還痛苦不堪。人際互動來看，外卦爲水，代表彼方猜忌心重、內心不安；內卦爲山，代表我方固執、不知變通，雙方相互猜疑、阻撓，事情無法順利推展。

如圖：登山之人花了好多時間與體力，在一片冰封的山上行走，路滑、使不上力，需要加倍付出，才能向前行走。在重重危險中前進，必須非常小心，走錯一步就可能導致嚴重危害。行走在冰封的高山上困難重重、進退維谷，現在企圖加快腳步是不智之舉，應當更加小心，注意天氣變化，步步爲營，不可貿然前進。此時衰神降臨，一切事物停滯不前，不宜妄動，應等狀況好轉後再行動，才不致惹禍上身。

【卦　　解】寸步難行、窒礙不通、進退維谷；宜堅持下去，克服所有難關。

【心靈建言】眼前困擾的事情，似乎無法突破，或許是因爲過去的錯誤決策或行爲所造成的，所以現在只能勇敢面對。現在是舉步維艱的時刻，很難掌握事物的進展。眼前的狀況是進退維谷、寸步難行，但要勇於面對，負起責任，支撐下去，努力想辦法、找出路，才能解決難題。困惑只是現在，別灰心，堅決走下去，一定會找到克服的方法。艱辛中可以培養人的毅力及膽識，激發無限潛能，對人生的成長有莫大助益。牢記：困難是讓人快速成長的靈丹妙藥。

【運　　勢】氣運不佳，阻礙、困難重重、進退兩難。憂心、急於表現都無用，做事不易成功，願望難以達成。此時不宜衝刺，要等待時機、充實能力，或是尋求專業、有實力的人協助，才能脫離困境。

【婚　　姻】對方個性多疑慮，無法信任他人，自己又固執、封閉，兩人心胸都不夠開放，無法眞心接納對方，硬湊在一塊也不會幸福。

【戀　　愛】阻礙多、困難不斷，再多努力都是枉然，即早放棄爲宜。

【生意買賣】困難、問題、阻礙一堆，不順利。別急於成交，要謹愼評估，才不會意外破財。

【投　　資】沒指望、困頓、行不通，此時宜守不宜積極開展，可防耗損、破財。

【考　　運】準備不足、考運不濟，或是心情不好、壓力大，考試成績不好。試著放鬆心情，別太緊張或改變以往錯誤的讀書習慣，成績才能突破。

【求　　職】時運不濟，自己自信心不足、準備不確實，缺乏人脈和貴人相助，不容易找到滿意工作。

40 雷水解

40 雷水解
解除、脫困、
釋放、障礙排除，
找到有效對策。

吉

【卦　　象】外卦爲雷，內卦爲水。雷在上，雨水在下，天降甘霖，旱象得以解除。雷聲響、大雨落下，天地的閉塞、悶氣一併解除。

如圖：土地因久旱不雨而乾裂，植物沒有生機，打雷、下了大雨之後，土地及植物得以解除旱象，主角高興地抬頭歡呼，迎接這場及時雨。此刻的狀況可能不被看好，但已有了轉機出現，運勢開始上揚，會有貴人的協助，共同化解困境。但須注意解除困頓不可躁進，需要多觀察、準備、再逐步化解，才能順利脫困。

【卦　　解】解除、脫困、釋放、障礙排除，找到有效對策。

【心靈建言】現在的心情就像乾旱過後的一陣及時大雨，過去的不安、恐懼終於得到釋放，過去的困擾與傷害都已過去。受到新的人事物的鼓舞，心情大爲好轉，重新振作起來，清除了內心舊有的塵埃，壓力得以解除，建立了新的生活秩序，重添新的色彩，請把握現在的所有，別再沉浸於過去的負面情緒，好好規劃將來的新生活。

【運　　勢】天降甘霖、乾旱解除，長期的耐心等待，終於到開花結果的時刻。要把握這千載難逢的好機會，卯足全力向前衝，不可三心二意、猶豫不前，而錯失良機。過去的難關、不順遂都將結束，一切阻礙都可迎刃而解，願望可以達成，但要積極爭取、行動，或是尋求貴人相助。

【婚　　姻】可解除過去的誤會，過著幸福的生活。自己生性雖然多慮、易擔憂，但碰上對方有衝勁、行動迅速、即知即行的個性，可以受其正面、積極影響，化解自己不安的情緒，兩人相互補強，攜手同心可排解萬難。

【戀　　愛】黑暗時期、逆境已如過往雲煙，把握機會爭取戀情，可成。

【生意買賣】生意有轉機，長時間的交涉、苦心經營，已到收成時刻。掌握順勢、別拖延，條件如果滿意可盡速成交，有獲利機會。

【投　　資】大有起色，要掌握時機，可以尋找志同道合好友一起投資，但務必自己積極參與經營、勤奮不懈，不可完全依賴他人，否則會有生變、功虧一簣。

【考　　運】努力耕耘終於有了收穫，考試成績理想。尤其是重考生考運更佳，辛苦準備會有成效。

【求　　職】把握機會，努力、積極找尋工作，會有料想不到的好機會。表現良好後受到上司賞識。

41 山澤損

吉

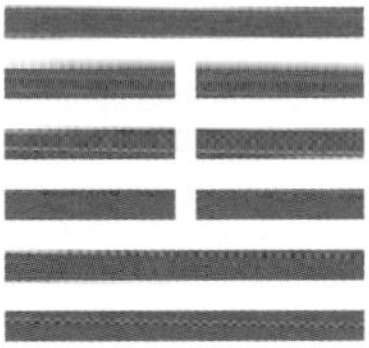

【卦　　象】外卦爲山，內卦爲澤。山在上，水澤在下，山的下方受到水澤的切割而減損，但山上的動、植物卻得到湖泊水氣的滋養。損「下」而益「上」，一點損失換來的整體利益，所以此卦是先凶而後吉。

如圖：水澤上，有一座小山，山下因長期受到水澤侵蝕，水面之下凹陷、有損失。即使如此，水澤的水氣卻滋養了山上的果樹，使整片山上的果實結實纍纍，似乎看來山有損害，但僅是小損失而已，換來的卻是更大的利益。損卦代表先前對他人的付出，雖然是吃虧、對自己不利；但時間一久，付出的一定會有回收並得到利益。損失並非完全是壞事，有失才有得，不要太吝於付出或分享，要真心誠意對待他人，自然會有回報。

【卦　　解】損傷、損失、先損後利。

【心靈建言】人們常會患得患失，面臨損失時，會為失去的東西而難過，須知「得」與「失」本來就是人生常態，有失必有得，有得必有失，只要堅持努力，該是你的終究會得到。若顧慮付出對本身無益或有損失，而不想分享他人，就永遠得不到對方的回應，也無從瞭解他人的想法，更不會有人際交流的機會。懂得經商之道的人，會贈送禮物或讓客戶占點便宜，來建立廣泛人脈，有了人脈就等於擁有了「錢脈」，何樂而不為？有「能力」的人，更能對別人付出，分享並不會減損自己的財富或能量，反而會得到更多善意的回應及料想不到的收穫。

【運　　勢】氣運由頹勢、挫敗、損害、不如意，逐步翻轉，由逆轉順，一掃過去霉運。做任何事一開始可能諸事不順，但只要保持毅力、貫徹到底、永不放棄，慢慢前進、努力不懈，一定會有大收穫。有失才有得，要先付出、分享，願望才能達成。

【婚　　姻】先失後得，先付出然後享有甜蜜婚姻。一開始自己保持喜悅、親近的心，和顏悅色、頻頻示好，但對方不領情、排斥。自己內心很受傷害，看來結婚毫無機會，但是只要有耐心、付出關懷，時間一久對方就會被感動。如果自己是可以耐心等待、願意付出的人，這將會是一段美好姻緣；若急於看到成果，沒有耐性的人，最好提早放棄追求。

【戀　　愛】多花心思經營這段戀曲，或增加一些費用支出，送對方喜歡的禮物，或吃一頓浪漫的燭光晚餐，有機會成功。一開始橫阻多、不順利，但堅持到底、不屈不撓終能感動對方。

【生意買賣】一開始不順心，合作會有些小損失，但別輕易放棄，堅持下去會慢慢有收穫。

【投　　資】剛開始投入可能會有誤判、小損失，但是經過一些日子的觀察及磨練，會判斷得較精準，後期會得到收益。

【考　　運】成績中上，只要持續努力學習，成績會更好。

【求　　職】一開始不順，但別放棄、繼續努力，多找幾家公司應徵，會有機會找到合適的工作。

42 風雷益

42 風雷益
助益、利益、
增加收益、鼓舞人心。

吉

【卦　　象】外卦為風，內卦為雷。風在上，雷在下，風在天上吹拂，下有雷氣釋放氮肥，風調雨順，互相呼應，多有助益。從人際關係看來，外卦為風，代表對方溫順、配合；內卦為雷，代表自己積極奮發，一剛一柔，兩者互相助益、配合得宜，增加彼此能量，可順利發展。

如圖：「巽」在天上為風，在地上為樹木。樹木下有雷電，釋放出大量的氮肥，均衡滋養大地；大地得到滋養，果實生長更茂盛，農夫開心微笑！益卦為助益之意，即幫助他人得到利益，就像雷電幫助大地、植物得到氮肥，幫助農夫大豐收。因此，此卦寓意有貴人相助，或是只要與他人合作，必然一切順利、亨通。

【卦　　解】助益、利益、增加收益、鼓舞人心。

【心靈建言】給予是一種福報。能夠幫助別人，表示自己有能力、有愛心、很快樂，才能夠分享給他人。每個人的優點、缺處都不一樣，如果我們有許多朋友，每個人都有不同的能力，在需要時彼此都能相互幫忙、協助，豐富彼此的生命，則每個人都可以很富足、很圓滿。打開封閉心胸，勇敢接觸他人，相互支持、照料，生活會過得更有樂趣。

【運　　勢】運勢亨通、又得貴人相助，把握機會努力，會大有斬獲。但要切忌不可衝勁十足，後繼無力，聲勢驚人，卻難以貫徹到底，再好機會都會不翼而飛。只要努力、不鬆懈，多聽前輩建議，善與人合作，一有機會就積極爭取，不要拖延、猶豫不前，大抵願望都可實現。

【婚　　姻】自己有行動力、積極，對方性格溫順、活潑，又能配合自己節奏攜手前進，二人結婚是大吉大利之象。

【戀　　愛】投緣、有默契，交往對雙方都有幫助、成長，要珍惜機會。

【生意買賣】彼此有默契，成交意願濃厚，洽談順利、滿意，生意買賣雙方皆能受益。

【投　　資】財運好，是投資的好時機。可得到貴人相助，而獲取利益。

【考　　運】考運佳、自己又努力，考試成績優異。

【求　　職】運勢佳、求職機會多，又得貴人相助，只要積極、主動找尋工作，可以找到不錯職務。

43 澤天夬

43 澤天夬
決斷、果決：宜學會壯士斷腕、猶豫不決將造成重大災難。

凶

【卦　　象】外卦爲澤，內卦爲天。澤在上，天在下，湖泊在天之上，必然不安穩，隨時有潰堤之可能，代表可能事情有重大變化或有危險，因此態度必需要果決，迅速決斷是否要有所作爲或不作爲。人際關係來看，外卦爲澤，代表對方任性；內卦爲天，代表自己剛健、氣勢旺盛。雙方性格都很強烈，相處困難、不和睦。

如圖：深山中，下了一場磅礡大雨，雨勢驚人，造成上方澤中蓄水過多，瀑布水量很大，河流湍急，沖下來水花飛濺上岸，如不及時採取措施，會因爲潰堤而造成危險。瀑布下露營的人察覺到異狀，他發現湖泊中浮木、岩石可能擋不了那強烈的水流，如果不馬上決斷撤退，可能會招致生命危險，便立即收拾行囊，加速逃離現場。本卦寓意處理事情要有力量、果斷及魄力，需要決定取捨，當機立斷，以智慧排除阻礙，如果優柔寡斷或處置不當，則會帶來嚴重的損害。

【卦　　解】決斷、果決；宜學會壯士斷腕、猶豫不決將造成重大災難。

【心靈建言】再不及時處理難題，可能會造成損害，此時需要當機立斷，火速決定方向。若忽視眼前的問題或處理不當，馬上就會產生惡果。現在需要勇氣及執行力，不能再苟且偷安，要積極面對、解決難關，事態才能有好的轉機，但處理上不可偏激或用武力解決。衝突、對立只會讓問題更加惡化。

【運　　勢】運勢走下坡，危機四伏，處境險惡，要謹慎、小心，才能減少損害。氣運大不如前，要潔身自愛，心存善念、正道，不可爲了利益違法犯紀，才不會招致意外災害。與人相處態度須和善、謙讓，不可過於強勢，要避免爭端、糾紛，才不會發生意想不到的凶險、損害。時運差，一不小心就可能得罪人或觸犯法律，若有違法行徑或是不正當行爲，務求痛定思痛，堅決改善、去除，可免惹禍上身。

【婚　　姻】自己個性剛強、自我意識濃烈，對方任性，雙方互不相讓，衝突、爭執不斷，難維持長久和諧關係。

【戀　　愛】雙方個性、條件不合，戀愛不會有滿意結果。

【生意買賣】 雙方各持己見、不妥協，無法體諒對方立場，買賣、談判破裂。雙方雖有衝突、爭執，仍要注意維持基本尊重和誠信，才不會讓損害擴大。

【投　　資】 時機不對，宜暫緩。積極投入恐生爭端、糾紛，為防止爭訟發生，宜採守勢，別輕舉妄動。

【考　　運】 成績不好。考試準備重點可能錯誤，要蒐集更多訊息，修正讀書技巧和方向，成績才可能會改善。

【求　　職】 自己雖然很努力，但時運不佳，總難找到適合工作。要提醒自己改善易怒、容易與人起爭執的脾氣，留給對方有禮貌的好印象，才有可能找到滿意的職位。

44 天風姤

44 天風姤
邂逅（姤）、不期而遇、
吸引異姓、短暫交往；
宜珍惜所擁有的一切。

凶

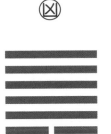

【卦　　象】外卦爲天，內卦爲風。天在上，風在下，風在天下吹拂，流動的空氣使花粉四處飄逸，彼此間帶來邂逅的機會。風吹動萬物，使萬物有機會交流，但流動的風來來去去，萬物時聚時散，因此邂逅是一時的、短暫的，無法持久。

如圖中男女主角在春天百花盛開時，因風吹動了女主角的帽子，男主角撿起帽子，兩人因緣際會、不期而遇，但因雙方各有自己的生活及家庭，相見容易，但要維繫則要考量很多現實因素，最終還是要回到各自原來的環境。短暫的邂逅，緣來緣去，不知何時會到來，也不知何時會離去，這就是「姤卦」的意涵。此卦代表與周圍的人事物，只是一場邂逅而已，短暫的交流，事情可能不如預期美好，成功的機率不大，與其他人的關係也可能不會長久，要有好聚好散的心理準備。

【卦　　解】邂逅（姤）、不期而遇、吸引異姓、短暫交往；宜珍惜所擁有的一切。

【心靈建言】不期而遇、邂逅是美妙的，但異性之間的深入瞭解，需要時間的考驗，才能相互交心，若爲一時的感情迷炫，貪圖享樂，忘卻了與人交流應遵守的原則與分寸，或是逃避應負的責任，就容易陷入了桃色糾紛而不能自拔。「姤卦」表示我們有機會接觸到新的人事物，要珍惜機緣，擴展自己的生活圈。在與人交往中學會慧眼識人，遇上投緣、有默契、合適的朋友或是合作夥伴，就要好好把握、珍惜。

【運　　勢】一開始感覺運勢不錯、機會很多，但最後都錯失機緣。感覺得到，卻拿不到，時常有「煮熟鴨子飛了」的感嘆。行事多謹愼，思考要周延，不能掉以輕心，才能避開災難。願望不易達成，常會橫生阻礙、功敗垂成。運勢衰退，不可太貪心，要愼防小人設計陷害，錢財失血。

【婚　　姻】自己百般示好、溫順、投其所好，但對方自恃甚高、不領情，再多努力都將徒勞無功。雖然感覺上有希望，但實際上很難結爲連理，宜盡早打消念頭。

【戀　　愛】有希望、沒把握，總是發生突發狀況或是出現競爭者角逐，而失之交臂。或是有不正常的關係，可能有一方移情別戀。要注意避免桃色糾紛，別讓自己身陷迷惑，要火速跳出迷惘，別再沉溺。

【生意買賣】看來機會無限，實際上困難重重，總在成交前意外失敗。

【投　　資】小利有，大利難。不如意、不順暢，可能被合作者詐騙，損失財物。

【考　　運】感覺上考得不錯，實際上成績並不理想。

【求　　職】無法稱心如意，總是差那臨門一腳，感覺上就要成功，卻總是「半路殺出程咬金」，讓競爭者捷足先登，搶走工作機會。要等待，此刻不是求職的好時機。

45 澤地萃

吉

【卦　　象】外卦爲澤，內卦爲地。澤在上，地在下，代表地面之上有湖泊。湖泊爲萬物滋生、飲水群聚的地方，聚合、薈萃之處一片繁榮茂盛之象。從人際關係來看，外卦爲澤，代表對方善於分享、以喜悅之心回饋；內卦爲地，代表自己寬厚、包容對方，雙方相聚和樂融融。

如圖：河流聚合之處，植物茂密、水流清澈，動物群聚在一起飲水、玩樂，人們在一旁升火烹煮，大家相處融洽，一片和樂的景象。此時得到天時、地利、人和的助益，尤其是可得長輩的幫助，不管在人際、工作、家庭關係都會順暢無阻，常保有感恩之心，會讓好運延續更長久。人才薈萃、聚集在一起，上下和睦相處，代表上下團結一心，可成就大事業。

【卦　　解】聚集、匯聚、廣納眾人才智與力量。

【心靈建言】小小的河流，匯聚在一起得以成爲深廣的大湖泊。人類的文明起始於大河、湖泊，河水帶來的沖積土壤，使土地肥沃，人民富庶。大河、湖泊匯聚河水，就像是眾多的人才聚集在一起。當眾人放棄私人利益，有志一同、團結合作，就會對團體及社會造成好的影響力，改善生活環境，共創利益，共享所得。別孤立自己、別私心自用，積極找尋到與自己目標相符的人共同合作，完成想做的事，實現自我與團體的期待。

【運　　勢】諸事昌吉、運勢亨通，又得長輩眷顧、提攜，是聚集人才，做一番大事業的時刻。注意人際關係和諧，相互奧援、支持，會有大收穫。願望、期待會達成，心想事成。

【婚　　姻】對方願意付出、分享，自己也能體諒、包容對方，雙方眞情眞意、相親相愛，是人人稱羨的一對夫妻。

【戀　　愛】機會很多，會遇到心儀、欣賞對象。多參加未婚男女聯誼活動，或安排相親，會有投緣對象出現。

【生意買賣】雙方都有高度成交的意願，可以進行順利，大豐收。

【投　　資】財運亨通，又得長輩、親友出面協助，成果豐厚。

【考　　運】考運好、準備充分，成績令人羨慕。

【求　　職】自己努力、虛心求教，又得到他人協助、建議，可以順利找到滿意工作。

46 地風升

46 地風升
上升、步步高升、
向下紮根、
穩定向上成長。

㊔

【卦　　象】外卦爲地，內卦爲風。地在上，風在下，風在地上爲木，樹木從地面向上生長，有上升、步步高升之意。從人際關係來看；外卦爲地，代表對方包容、接納我的一切；內卦爲風，代表自己的溫和、服順之心，雙方和諧互動，相互扶持，關係逐步昇華。

如圖：男、女主角在研究植物的生長，並記錄其成長過程。他們觀察到植物在未發芽冒出地面前，它的根部早已盤根錯節、紮好根基，等一切都準備好了，再發芽、成長、茁壯、開花結果，象徵枝繁葉茂、步步高升。此卦表示凡事只要按部就班，打好基礎，就有成功的機會，並且逐步得到晉升。只要一步一腳印，就可以實現願望，但不可操之過急，否則會影響表現，宜在穩定中求發展，循序漸進，紮實的功力加上持續的努力，一定會一帆風順、節節高升。

【卦　　解】上升、步步高升、向下紮根、穩定向上成長。

【心靈建言】一直盼望的事，終於有了好機會。好的開頭之後，只要按部就班、踏實經營，就會有所得。緩慢的成長，可以培養堅強的實力，也可以領略生命過程中的美好，增加寶貴的經驗。經驗可以強化自我的耐心與信心。只需要前進，不需要懷疑，未來人生方向是正確的，整個宇宙都會支持你，你的能力會不斷提升。如果不知努力、缺乏充分準備，平時未能累積實力與人脈，等機會到來時，也沒有能力爭取，也不會有貴人相助、提攜。機會總是留給已經準備好的人，要不斷學習、持續進修、累積自我實力，未來一定可以得到更好的發展。

【運　　勢】機運轉旺，得貴人、長輩相助，步步高升，事業、工作、人脈拓展都有輝煌成效。但是氣運剛剛轉強，還不到非常旺盛，切忌不可急躁，要循序漸進，別「呷快弄破碗」，欲速則不達。願望會實現，但不可急功近利，要多聽長輩、專家建言，別自作聰明，可保長久成功。

【婚　　姻】可結良緣。自己溫順、柔和，對方充滿關愛、體恤、包容自己，雙方感情日益深厚，情投意合，關係越來越好。

【戀　　愛】緩緩加溫，慢慢接近對象，只要不操之過急，可順利、成功。

【生意買賣】要循序漸進，慢慢建立互信，不可急躁，雙方都有小獲利。

【投　　資】運勢漸漸好轉，但尚未成熟。小利益有，大利益需要加把勁努力才有可能。

【考　　運】自己努力學習，師長、同學分享讀書心得，課業逐漸進步，成績越來越好，令人滿意。

【求　　職】自己努力工作、態度和善，加上長輩提攜、推薦，可以順利找到期待的工作。

47 澤水困

47 澤水困
困頓、無助、沮喪、資源耗盡；宜勇敢面對危機、脫離困境。

凶

【卦　　象】外卦為澤，內卦為水。澤在上，水在下，湖泊中的水都跑到湖底之下，湖水流失，湖中魚、蝦因缺水而受困其中，生命受到嚴重威脅。就人際關係論之；外卦為澤，代表對方任性、無理取鬧；內卦為水，代表自己性情不穩定、多慮，兩人性格都不夠成熟，相處起來自然困頓、不順暢。

如圖：男主角獨自一人在湖上泛舟，突然察覺船底有破洞，短短時間船就下沉了，他緊急跳入湖中逃生。湖面雖平靜無波，但湖下暗潮洶湧，他剛逃離沉船，馬上又被捲入漩渦之中，險中之險，困難重重、孤立無援，無法逃脫危險。喻人生起伏不定，有時表面看來平靜，其實暗藏危險。此刻，外援未到，只能忍辱負重，再忍耐一段時日，等待氣運好轉，再採取行動。現在處於被動，不要急於表現、開展，以免陷入更大困境。要徹底找出問題癥結的原因，找到方法再求脫困。

【卦　　解】困頓、無助、沮喪、資源耗盡；宜勇敢面對危機、脫離困境。

【心靈建言】生命不會和你過不去，生活中若沒有困難和挑戰，我們的心志反而會變得怠惰、不思進取。如果世界上只有好事而沒有壞事，那我們就不會去珍惜當下所擁有的幸福，更感受不到克服困難之後的喜悅，也許現在是你人生最糟糕的時刻，痛苦的經歷，將會對你未來的生活產生重大影響。生命本是「變」化多端的，在經歷最困頓的生活之後，才能更珍惜生命，才能有較大的視野，品味生活的全貌。面臨危機或困惑，可以刺激我們奮發圖強，學習轉危爲安的技巧，鍛鍊更堅強的心智，解決所有難題，從這個角度上來看，困頓未嘗不是一件好事。

【運　　勢】時運不濟、諸事不吉、孤立無援，進退皆不自在，困頓、無助。願望不易達成，時機未到，別浪費力氣。此時，剛好可以利用人生低潮、困頓時期，養精蓄銳、充電和自我磨練，吃得苦中苦，方爲人上人。別做「困獸之鬥」，盡量壓低姿態，堅忍不拔，儲備戰力，以退爲進。愈積極作爲，損害、阻礙愈大，要明白人生起起伏伏是自然現象，暫時退讓是必要的，撐下去、別被逆境打敗。此刻宜採守勢，待時來運轉，再大展身手。

【婚　　姻】困頓、無援，得不到大家的祝福，另覓合適對象爲宜。自己對這門婚事沒有信心，對方又任性，兩人個性不合、不投緣，加上雙方都還沒調整好心態，不宜勉強結婚。

【戀　　愛】困頓、不順、一籌莫展，一點機會也沒有，還是把心血用在其他對象比較好。

【生意買賣】困頓、無助、不順暢，阻礙、困難多，無法突破，此刻只能等待，不可冒進，才能防止破財、耗損。

【投　　資】肉包子打狗，有去無回。困頓，施展不開，別投入，防止損害擴大。

【考　　運】考運不佳，準備和信心都不夠，考試成績不好。

【求　　職】工作機會不多，自己努力不足、信心缺乏，謀職不易。要一邊努力充實能力，一邊等待時機爲宜。

48 水風井

48 水風井
超出能力的付出、過度分享；宜學習保持施與受的平衡。

㊅凶

【卦　　象】外卦爲水，內卦爲風。水在上，風在下，水在上，風從下吹起，如井中湧出甘泉，供人們飲用。從人際關係來看，外卦爲水，代表對方陷入困難、焦慮、多疑；內卦爲風，代表自己服順、協助，我方不斷付出，對方不知善意回饋，雙方難以維持長期良好互動。寓意水井湧出泉水，供人飲用，有分享之意。

如圖男主角抽取地下水，供給需要的人使用，不區分使用者是哪裡人，黑人、白人、黃種人都好，也不在乎對方是否會回饋，仍然願意取水分享眾人。「井卦」爲凶中帶吉之卦，分享是件好事，但此卦特別強調，付出、分享需要量力而爲，如果自己非常富裕，當然可以不斷分享，但超出自己能力所及的範圍時，就應該暫停付出。

【卦　　解】超出能力的付出、過度分享；宜學習保持施與受的平衡。

【心靈建言】人們每天都在付出，對自己的家人、朋友、公司同事或是陌生的人，不論是金錢或是情感的付出，付出就是一種分享。付出時間、心力，使我們得到工作，獲得物質上的滿足；付出情感，使我們擁有家人及朋友的關愛。付出一些，就會得到一些，但有些時候，付出並不是馬上就可以得到回饋，可能對方現在沒有能力回饋。不過與人分享之時，我們已得到了快樂，這就足夠了。要感謝老天，讓我們有多餘的東西可以付出，因爲你「有」才能分享，如果「沒有」如何分享？如果眞心想做好事，就抱持分享的態度去付出，別在乎是否會得到回饋。但同時要提醒自己，我們助人要量力而爲，若自身能力不足，就該節制，不可無限制付出，待能力可及時，才能再度分享，日後才不會有怨恨、不滿，覺得別人對不起你。

【運　　勢】機運不佳。付出的事，未必有收穫。雖然辛苦，收成卻有限，但別灰心，要繼續努力。短時間願望難以實現，但是長期努力，可以累積不少經驗、人脈，等到天時、地利、人和齊備，必可時來運轉。「一步一腳印」、「凡走過必留下痕跡」，別在意今日辛勞、付出，別急於得到好處，只要鍥而不舍、努力不輟，來日定有斬獲。

【婚　　姻】一開始自己不斷付出、配合對方需求，雖然得不到青睞、認同，但只要秉持誠心誠意，還是可以得到對方的接納，但需要一段時間，如果自己沒有耐心，不願意長時間等待，最好盡早打退堂鼓。

【戀　　愛】眞心、誠意的付出，一開始可能無法打動對方，但只要堅持下去、別急躁，會有希望。

【生意買賣】短期不會有滿意結果，要耐心等待。一開始可能會吃一點小虧，但可能取得對方的信任，長期而言，會逐漸有獲利。

【投　　資】辛勤付出卻苦無回收，白忙一場，短期內沒有收穫。

【考　　運】辛苦耕耘但成績還是不理想，主要原因是雜事、雜念太多，無法專心讀書，要集中精神、繼續加油，成績一定會越來越好。

【求　　職】一開始四處碰壁，卻可以累積經驗，只要堅持下去，可以找到工作。別急躁，愈急愈不易成功。可以試著找一些薪水、福利條件稍差的職務，等到運氣好轉、實力堅強後，再找尋更理想的職位。

49 澤火革

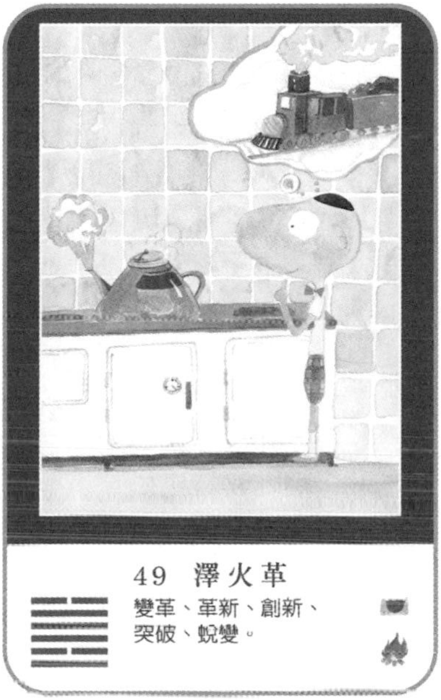

吉

【卦　象】外卦爲澤，內卦爲火。澤在上，火在下，火在澤下燃燒，熱水沸騰轉變爲水蒸氣。液態的水加熱到達沸點後，變成氣態的水蒸氣，狀態的改變，象徵爲一種變革之意。從人際關係來看，外卦爲澤，代表對方以喜悅、分享之心接納我方意見；內卦爲火，代表自己充滿熱情、積極、有活力，彼此相互激發出新的能量、創意，寓意創新與變革。

如圖：男主角看到熱水沸騰之後，變成水蒸氣，觀察到液體變氣體的轉變、更新，讓他聯想到史蒂芬生，史氏是一位非常有創意的人，他超乎了當時人們的想法，發明了蒸汽火車，取代原有的鐵軌馬車。改革才能突破舊有的限制，發明、創造更新的事物，只有不斷推陳出新，人類文明才會更進步。變革需要創意，但光是靠想像力、奇特點子還不夠，還要有厚實的科學知識作爲基礎，才能觸類旁通，發明出眞正實用、有價値的產物。

【卦　　解】變革、革新、創新、突破、蛻變。

【心靈建言】人們的意識總是抱持定見，大腦神經元常安於舊有慣性，不喜歡變換路徑，當面臨重大問題挑戰時，大腦神經元的連結才會改變，以適應新環境。我們的慣性思維，有些是不合實際的；如與情人分手，就失去了再結交異性的勇氣；失業了，就以爲未來完蛋了。我們錯把生命中的重要「變化」視爲毒蛇猛獸，已分手的情人，其實就表示雙方不適合，沒有必要再交往下去，就像穿上太小的衣服，渾身不舒服，最好辦法就是換一件大小剛好的衣服。正如同電腦的防毒軟體一樣，不時常更新，電腦病毒就可能肆虐橫行。宇宙萬物都在不斷變化之中，舊有的、不合時宜的，就應該捨棄、淘汰，予以更新。變革就是建立一種新思維、新的大腦神經元連結路徑、解決難題的新模組，改變過去的不適用之處，才能蛻變成爲眞實而強壯的自己。

【運　　勢】勇敢面對局勢變化，可以有突破性成長，收穫相當可觀。此時運勢變化萬千、起起伏伏、巨幅震盪，工作、事業、市場、家庭、人際各層面都可能產生劇烈轉變。危機就是轉機，但若逃避變化就可能會錯失良機。遇上變動、轉化，難免使人不安、惶恐、心生畏懼，但千萬別害怕、擔憂，災難雖看似凶險，其實隱含了極大契機。拿出勇氣、決心，破除舊觀念束縛、羈絆，用創意、革新態度迎向挑戰，可以排除萬難，突破逆勢。

【婚　　姻】兩人個性天南地北，完全不相同的類型。自己脾氣剛烈、熱情，但對方個性較平和、安靜，兩人時常爭執、意見不合，吵吵鬧鬧，但卻會有巧妙變化，在對立、衝突中達到融合，調和相異看法，創造全新的見解，生活充滿驚喜與樂趣。如果自己的性格喜歡變化和刺激，可以嘗試這段與眾不同的婚姻；若是生性保守、傳統，喜歡平穩、安定的生活，最好另覓良緣。

【戀　　愛】別用「老掉牙」、「過氣」的手法來追求戀愛對象，要活用新奇、有創意的點子，一定可以吸引、打動情人的芳心，獲得她（他）的青睞。

【生意買賣】唯有改變戰術，才可能順利成交。要活用創意、彈性的方法，別用陳舊的老策略和「古早」技巧，這樣才能因應變化多端的狀況，順利達成任務。

【投　　資】投資環境千變萬化，要汰舊換新，改變過去慣用投資策略，採用創新、突破性的技術，才有機會獲利。但投資風格保守，不喜歡冒險的人，最好別輕易嘗試。

【考　　運】考試成績中上，但很不穩定，時好時壞。考慮改變讀書、準備考試的方式，用全新、有趣的閱讀方法，才能突破不穩定的狀況，成績會愈來愈理想。

【求　　職】改變求職策略，用更有創意、更新鮮、更活潑的方式來應徵工作，可以吸引對方的注意，得到好的職務。或是評估換跑道，找尋不同領域來發展，可能機會更多。

50 火風鼎

50 火風鼎
鼎助、輿援、
分工合作、有貴人提攜。

吉

【卦　　象】外卦爲火，內卦爲風。火在上，風在下，烈火之下有風在吹動，風愈強，火愈旺，風助火勢。從人際關係而論，外卦爲火，代表對方有智慧和行動力；內卦爲風，代表我方願意順服、支援，雙方合作密切，相互鼎助。

如圖：女廚師正在做菜，沒有時間去管生火之事，再好的廚藝，沒有恰當火候，無法燒出佳餚。助手要根據大廚的需要來調整火的大小，他生火的功力不容小覷，沒有助手的鼎力扶助，大廚就無法烹煮出可口的菜餚。比喻無論家庭或團體中，每一個成員都該爲了大眾的利益，放下一己之私，鼎助、支援他人。善於整合、集結眾人之力，則可輕易達成團隊目標。

【卦　　解】鼎助、奧援、分工合作、有貴人提攜。

【心靈建言】行事除了要有確切的目標與執行計劃的行動力外，還要善於整合眾人的意見，才能得到相同理念者的認同與支持。積極又思維正向的人，在行動中會釋放出能量，眾人會感受到他的熱情，眞心鼎力支持他，可輕易地達成目標。每一個意念、行動都會產生能量，有智慧的人做事，不需要向外求，只要自助就可以得到天助，因爲你的意念是正向的，必定能得到大眾及大自然的支持。

【運　　勢】運勢亨通、飛黃騰達之時，機運佳，又得長輩提攜，一路順暢。活用時運，集合眾人之力，可開創事業，名利雙收。目前運勢亨通，常請教專家或長者的建言，可得貴人鼎力相助。但切忌得意忘形、不知節制，忽略待人的禮儀，得罪人而不自知，或是誤交損友，而陷入紛爭、是非風暴之中。

【婚　　姻】天造地設的伴侶，幸福美滿的婚姻。對方充滿活力、智慧、熱情，自己溫順、活潑，乂能配合對方節奏，相互扶持，關係融洽、和諧。

【戀　　愛】雙方投緣，生活節奏、偏好相近，一拍即合。

【生意買賣】雙方合作愉快，可以順利成交。如果能求助親友、貴人鼎力相助或提供建言，可以獲取更大利益。

【投　　資】財運到、貴人相挺，是投資最佳時刻。

【考　　運】成績優異，金榜題名。

【求　　職】貴人相助，謀職順利，多聽聽長輩、好友建議，可以找到適合的工作。

51 震為雷

51 震爲雷
震動、振奮、喚醒、
震驚、動盪不安，
宜學會調和激烈的情緒。

凶

【卦　　象】震代表雷，象徵雷震。內外卦皆爲雷，熱空氣上升，冷空氣下降，陰陽相激，發出巨聲雷響，驚天動地，代表震驚、震動、喚醒之意。從人際關係來看，外卦爲震，代表一方脾氣火爆；內卦爲雷，表示自己也一樣急性子、暴躁，兩人相處很緊張，時常受到驚嚇、震撼。雷卦引申爲要維護人際關係和諧，學習尊重他人，碰到急躁、爆跳如雷的人，應先迴避、躲開，不要和他正面衝突，等到冷靜下來再行溝通。

如圖：天上打雷，雷聲大作，主角受到雷聲的震驚，趕緊躲到屋子裡，以避開被雷擊的危險。

【卦　　解】震動、振奮、喚醒、震驚、動盪不安，宜學會調和激烈的情緒。

【心靈建議】事情的發展可能會出現一些變動，你可能會被其中的激烈變化喚醒或受到震驚。在此之前你可能刻意忽略了這些事件，所以當它此時浮上檯面，就是提醒你要勇於改變，該是振奮的時候了，不要因為這些事物的變動感到驚懼，應自我反省，讓自己更清楚看待情勢，並做出最正確的抉擇。在改變過程中，要保持穩定，維持良好的人際關係，注意他人感受，不能太急躁或言詞惡劣而傷害他人。

【運　　勢】多事之秋、變化大、危機四伏，稍不留神，意外狀況就會發生。事情成效不彰、收穫不豐，就像閃電來得快，去得也快。忙進忙出，勞心勞力，但過於急功近利，無法持續精進，常半途而廢。如果加上人際關係不和諧，不願聽從前輩建議，很容易遭致他人排斥而失敗。只要改善易怒、沒有耐性的性格，多向智者、長輩求教，自然可以克服逆境、扭轉乾坤。

【婚　　姻】兩人個性都太急躁，缺少耐性和穩定度，時常吵得不可開交，婚姻之路多波折。但如果可以改變易怒個性，提高EQ水平，則可排解阻力和摩擦，化干戈為玉帛，搭建幸福的婚姻生活。

【戀　　愛】一開始可以激起愛的火花，但持續力不足，無法長久交往。改掉自己亂發脾氣的壞習慣，提高EQ指數，可以讓戀愛之路更順暢、美滿。

【生意買賣】別性急，注意禮貌，和人際和諧才有機會。

一開始阻礙多，但只要耐住性子、靜下來，慢慢和對方交涉、接洽，就可以漸漸得到對方認可和支持，生意可以談成。過於急進，反而徒勞無功。

【投　　資】感覺有機會，有利可圖，自己也蠢蠢欲動，急於投入。但總是看得到，卻拿不到任何好處。或是即便賺到了，也會失去。最好是放低期待，保守投資爲宜。

【考　　運】成績不理想。如果可以放下浮動心情，按部就班、紮紮實實的準備考試，別急躁，成績可以考得更理想。

【求　　職】虎頭蛇尾，開始衝勁十足，但後繼無力。也可能因爲性情急躁、沒耐心，忽略溝通的和諧度，而錯失良機。把心定下來，重新調整、放緩腳步，謹愼、穩健而行，一定可以克服難關，找到適合、滿意的工作。

52 艮為山

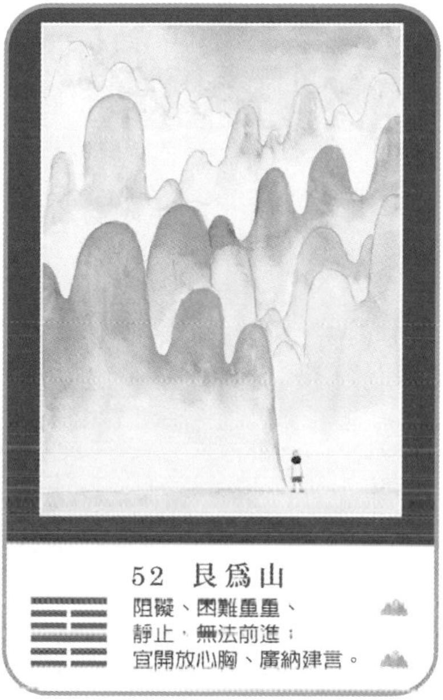
52 艮爲山
阻礙、困難重重、
靜止，無法前進；
宜開放心胸、廣納建言。

凶

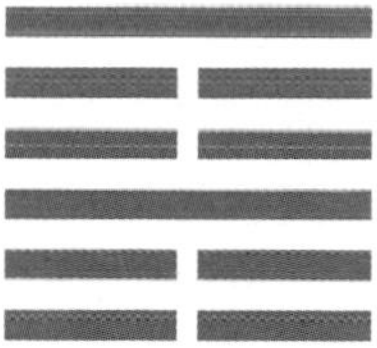

【卦　　象】艮代表山，靜止不動，而重重的山，表示阻礙難行。從人際關係來看，內外卦皆爲山，代表雙方之間斷絕溝通、有著重重疊疊的橫礙，無法攜手前進。

如圖：主角前方有一層層高山，想要越過它們，勢必要花很多時間與力氣，要有毅力及耐心才能做到。比喻人與人之間若長時間沒有溝通，就好像一座又一座的山橫在眼前，身處其中會慢慢變得封閉，所以應當開放自己，聽取有利建言，放下過多的自我限制，方能突破阻礙而求得順利發展。

【卦　　解】阻礙、困難重重、靜止、無法前進；宜開放心胸、廣納建言。

【心靈建言】外在有較多阻礙，自我又有諸多限制，很多事情和我們預期的似乎有遙遠的距離，所以心情凝重。現實的狀況是受到層層阻礙，不能行動自如或有所突破，應視外在環境的變化與自我能力強弱，予以評估、決策，決定行動或停止。當行則行，應止則止，有時休息是爲了走更長遠的路，有時停止是爲了避免更大的損失。面對不如意、挫折，可靜下心來，找到逆阻、停滯的原因，想辦法克服。或是開放自我，接納一些建言，一定可以尋得突破的方法。

【運　　勢】困難重重，「不如意事，十之八九」，運勢停滯，動彈不得。時運不濟，願望難以達成，宜守不宜攻。此刻所有積極的行動、投資或是拓展計畫都要暫時擱置，貿然前進只會讓損害擴大。好好利用低潮階段充電，養精蓄銳，等到時來運轉再大展身手。運勢、能力都不佳，但能多多向前輩、智者請教，別故步自封、冥頑不靈，自能得到貴人相助，提早脫離困頓、阻礙。

【婚　　姻】二人個性都太保守、封閉，心扉不夠開放，相互限制，阻礙不斷，無法攜手同心。

【戀　　愛】雙方都太封閉，無法激起熱情，戀愛不易成功。或是自己陷入單戀，對方不知情或對你沒有好感。此段戀情困難無比，建議盡早放手爲妙，「天涯何處無芳草，何必單戀一枝花」？

【生意買賣】問題、波折多，買賣雙方合作意願都不高，期待條件出入大，阻礙多，有利時機尙未出現，考慮暫時放棄。

【投　　資】天時、地利、人和都不對，阻礙、問題多，不要太積極投入，以免虧損連連。

【考　　運】自己努力不夠，學習不得要領，考運又差，成績未達期待。

【求　　職】工作機會少，自己又不得求職要領。實力不足，積極度不夠，面試時的表達和溝通技巧都不純熟，要再等待一段時間，並且加緊訓練求職技巧和努力充實專業能力，才能找到適合工作。

53 風山漸

53 風山漸
漸漸進步、
由小到大持續成長、
循序漸進。

㊐吉

【卦　　象】外卦為風，內卦為山。風在上，山在下，風代表樹木，山上的樹木緩緩生成，一點一點漸漸向上生長，不像火地晉卦是太陽快速升起、突飛猛進。從人際關係來看，外卦為風，代表對方溫順、配合；內卦為山，代表自己篤實、穩固，雙方合作只要循序漸進，相處會愈來愈好。

如圖：經過多年「循序漸進」才能生長成滿山茂盛、翠綠的樹林。小樹不可能短時間長成大樹，宇宙萬物的演進都需要時間。我們要學習大自然的規律，做事不要急躁，凡事應多看、多聽、多學習，以積累豐富的經驗，再按部就班去行動，事情自然會有進展。只有打好穩定的根基，不斷提升自我能力，持續努力才能成功。

【卦　　解】漸漸進步、由小到大持續成長、循序漸進。

【心靈建言】山上的樹木並非一朝一夕長成，人的成功也要日積月累，不可能一蹴可幾。大樹由小樹長成，大老闆可能曾經也是小職員，若想實現夢想，一定要先把底子打穩，才能積累完整且豐富經驗，將來才會一步一步邁向成功。任何事物的進展都有規律和順序，若沒有一步一腳印的踏實築夢，就不可能有實現美夢的機會。要注意維護良好的人際關係，人與人之間需要時間互相瞭解，可先由小事互相合作，建立彼此的信任，關係就能循序漸進，需要幫忙時就能相互支持。現在只需按部就班、耐心前進，所有事情都能漸進發展、愈來愈好。

【運　　勢】運勢逐漸開展，平順、吉利，貴人會出現，好運也會一個接一個到來，要把握時機，但此刻火候還不夠，需要努力前進，循序漸進，不可急躁或掉以輕心，才不會帶來挫敗。目前能力、運勢還不夠堅強，小願望可成，大願望則要再加把勁，才能順利達成。

【婚　　姻】自己個性保守、內向，對方個性活潑、靈巧，一開始相處可能不順暢，但互動久了，會感染到對方輕快、有活力的情緒，兩人關係愈來愈好，婚姻生活幸福、美滿。

【戀　　愛】剛開始不如意，漸漸雙方會產生好感。和緩、溫柔接近對方，戀情才有可能開花結果；太快、太急反而會嚇壞對方。

【生意買賣】一開始不順利，多接觸、溝通幾回後，機會會漸漸浮現，可獲利，但要循序漸進，不斷努力、接洽，不可急功近利，才能達成交易。

【投　　資】一開始看不到利益，只要耐心等待，會慢慢有收穫。因爲回收期較長，如果資金不足，最好別一次投入太多金額。

【考　　運】考試成績中上。就算成績不理想也別放棄，要有耐性，不斷努力充電就能考到好成績。

【求　　職】要有耐心，不斷努力尋找工作機會，可以謀得好職務。如果毅力不堅、半途而廢，就會錯失良機。

54 雷澤歸妹

54 雷澤歸妹
少女出嫁、不受拘束、
缺乏規範；
宜學習配合他人。

凶

【卦　　象】外卦爲雷，內卦爲澤。雷在上，澤在下，雷打在湖面上，湖水隨著雷擊而震盪。從人際關係來看，外卦爲雷，代表對方個性剛烈；內卦爲澤，代表自己任性，雙方自我個性強烈、互不相讓，激化、對立，衝突不斷。歸妹，泛指嫁女，意爲出嫁、有歸宿之意。女子結婚，嫁入另一家庭，因不瞭解男方的家庭狀況，一時很難適應新環境，不知該如何做才好。此時，要能夠多學習，配合男方家庭的「規矩」，雙方也必需要眞心誠意互相體諒，才能減少誤解與摩擦。

如圖：雷打在游泳池上，男主角若不將女主角帶離游泳池，她就可能遭到雷擊。狀況十分危急，若女主角不配合、不聽從規勸，必定會遭受危險。引伸做人必須遵循正道而行，遵守規範、紀律，才可以避開危害。

【卦　　解】少女出嫁、不受拘束、缺乏規範；宜學習配合他人。

【心靈建言】多聽取長輩的建議，以化解經驗不足而面臨的瓶頸。他人的建言，會讓我們得到意外收穫。規章制度會讓人窒息、感到不舒服，但服從、配合是必要的，整個團隊的運轉順暢，需要規範、紀律來約束。學習瞭解團體規約的意義與價值，不要排斥、對抗，欣然接受它，你將會發現遵守規則不會有所損害，反而會使自己更自在。學會在社會規範中自在優遊，會讓我們獲益匪淺。

【運　　勢】表面看起來不錯，實際運勢已經開始下滑，應多加注意周遭情勢變化，找出偏差之所在，才能有效解決問題。運勢不佳，願望難順遂，心中期待和實際狀況落差甚巨，此刻宜安貧樂道、清心寡慾。慾求過於濃烈，貿然行動會帶來更大災難，宜戒慎戒恐。

【婚　　姻】難成。一開始相處還不錯，日子久了會發現，對方情緒易震怒，任何事都可能讓他暴跳如雷，加上自己個性也很任性，兩個人時常爭執不下，關係逐漸惡化。

【戀　　愛】一開始順利，但難有好的結局。可能是一場違反倫常的戀情，自己不小心成爲第三者，或是有第三者出現爭奪的狀況。男女關係務求單純，若有不當交往，要速速斬斷情絲，不可愈陷愈深，才能避免悲劇收場。

【生意買賣】開始時洽談順暢，其實雙方期待不相符，交易難成。看似一筆好買賣，穩賺不賠，其實對方可能設陷阱欺瞞，千萬別被矇騙上當。更要提醒自己，交易時要心存正念，不可圖謀不軌，更不可從事非法交易，以免觸法、遺憾終生。

【投　　資】時運不佳，內心期待和實際獲得利益差距大。要注意防止被設計詐騙。自己也要潔身自愛，不可以爲了不當利益，而挺身走險。

【考　　運】雖然認爲自己成績應該會考得不錯，但實際上不理想。

【求　　職】感覺上有機會，但實際上不順利，因爲自己期待太高，所以會有失落感，要重新設定合理的期待，才有機會找到適合的工作。

55 雷火豐

吉

【卦　　象】外卦爲雷，內卦爲火。雷在上，火在下，上雷下電(離爲火花)，雷電交作，聲勢浩大，引伸正大光明的行動，成果必定豐厚，有豐收、豐富的意涵。就人際關係而論，外卦爲雷，代表對方即知即行、行動迅速；內卦爲火，代表自己有智慧、光明磊落，雙方合作，智慧與行動兼具，成果必然豐碩。

如圖：舉行慶祝晚會，大家熱鬧歡慶，因爲過去的努力和付出，才有現在的大豐收。此時運氣很好，事業也非常成功，但不可過於奢侈或浪費，必須有所節制，事業才能永續經營。還要心存感恩之心，懂得分享，不可過於驕傲，否則好運可能很快就用盡了。

【卦　　解】豐盛、豐富、熱鬧、豐收。

【心靈建言】讓自己充分體驗生命的豐富之美，散發熱力，讓身邊的人感受到你的活力。以前的辛勤努力，換來今日的成就，好好享受豐收的成果，活出生命的愉悅。人們很容易在看到豐隆、成功的景象之後，就把豐隆當成了永恆，不知進取，開始變得怠惰。所以，擁有優渥生活的同時，還需要爲將來做好規劃，未來才有保障，珍惜現有的所有資源與優勢，好運才會一直延續下去。

【運　　勢】運勢強盛、氣勢很旺，但小心物極必反，萬物萬事有他的好壞循環，旺盛過度、不知節制，必定樂極生悲。要銘記在心：順勢中要居安思危，不可得意忘形，才能長期保有好運道。鴻運當頭，願望會實現，但要珍惜、收斂，以免大意失荊州。

【婚　　姻】美好姻緣。郎才女貌，天作之合，但要珍惜對方，千萬不可因爲結婚就掉以輕心，只在乎自己的需求，而忽略對方感受。自己熱情、有活力，對方也能跟著自己的節奏起舞，雙方都感到滿意。

【戀　　愛】會成功。天雷勾動地火，熱情無比。但要節制、別過火，把腳步放緩，關係才可以維繫更長久。

【生意買賣】會獲利，但要注意維持合作關係，不可得意忘形。不然，下次交易會有困難。

【投　　資】順利、有收穫，但要見好就收，不可過度投資，以免無法回收。

【考　　運】成績優異，但要繼續加油，不可太鬆懈，才不會樂極生悲，功課一落千丈。

【求　　職】順利找到工作，但不可太得意或不知珍惜，而喪失已得到的工作機會。

56 火山旅

56 火山旅
旅行、流浪、奔波、擴大生命歷練；宜增強適應力、學會放輕鬆。

凶

【卦　　象】外卦爲火，內卦爲山。火在上，山在下，山上的火蔓延不止，動物逃離居住的處所，猶如旅人遷徙、奔波不停。從人際關係來看，外卦爲火，代表對方性格是猛烈、烤人的火；內卦爲山，表示自己想要穩固、情緒安定下來，對方卻不斷干擾、變動，弄得雙方無法平靜、起伏不安。

如圖：遠方的山冒出大量的白色煙霧，火山正在爆發，附近居民驚慌失措，火速收拾行囊，趕緊逃命。此卦寓意會有奔波、勞碌的狀況發生。喜好旅行或經常出差在外的人，居無定所、舟車勞頓很辛苦，在陌生的環境旅行，無法預料會有什麼突發狀況，必須有適應環境的能力，才能克服過程中的所有難關。在面臨問題時，只要保持冷靜和彈性，迅速適應外在環境的變化，就可以排解困擾。

【卦　　解】旅行、流浪、奔波、擴大生命歷練；宜增強適應力、學會放輕鬆。

【心靈建言】人生如同旅行，旅行的品質非常重要，如果要玩的地方太多、行程排太緊湊，就不能感受旅行的愉快。若能隨遇而安，融入當地民情風俗，不要太趕行程，以一種逸然的態度去享受生活，以客觀的角度去觀察、去玩樂，才能夠體驗旅行的樂趣。旅行可以增廣見聞，鬆弛緊繃的情緒，每隔一段時間，就要安排旅遊的行程，但到治安不好的國家、區域旅行，必須注意安全，才能快樂出門，平安返家。

【運　　勢】運勢起伏、高低不穩定。外在局勢變遷太快速，狀況不易掌握，心中雖然期待穩定，但外務干擾太多，心情無法平靜，常感到慌亂、寂寞、孤獨、不知所措。情勢變化大、雜亂只是過渡期，別太擔憂、別急躁，保持平常心，別急於表現。紊亂、不安的時刻，若能多聽從前輩建議，少獨斷獨行，自可逢凶化吉。尤其是外出旅行、出差，或是到人生地不熟的新環境、新公司，一定要入境隨俗，別強出頭，才能避開糾紛、爭執，永保安康。

【婚　　姻】雙方感情不堅定、不穩固，分分合合很辛苦。雙方個性南轅北轍，自己個性保守，想平靜下來，但對方卻東奔西跑，還不想太早穩定下來，聚少離多。兩人對婚姻認知和期待有落差，最好再觀察看看。

【戀　　愛】雙方猶豫未決，心意未定，騎驢找馬的心態明顯，還是另覓適合對象爲宜。

【生意買賣】問題多而雜亂，勞苦奔波但無收穫，大費周章，結果還是徒勞無功。

【投　　資】市場變化萬千，高低起伏不定，難以掌握。勞心勞力還是等不到收成，宜暫緩投資。

【考　　運】成績不滿意。原本想靜下心來認眞讀書，無奈外務干擾、雜念太多，無法好好讀書。

【求　　職】時機不對，貴人不出現，辛苦耕耘還是等不到好工作。暫時無望，一邊靜待時機，一邊努力充電爲宜。

57 巽為風

㊍吉

【卦　　象】巽代表風，風給人舒暢、和諧的感覺，代表流動、柔順的意思。從人際關係論之，內外卦皆爲風，代表雙方相互尊重，有圓融的人際關係。

如圖：微風輕輕吹拂，讓人感到非常舒爽、愉悅。三個人悠閒地騎著自行車，沐浴、陶醉在舒暢的微風中，大家同心齊力，一致向前，意寓心情愉快，人際關係和諧順暢。也意指要成就事業，圓融的處事態度是不可缺少的。

【卦　　解】服順、溫和、善解人意、圓融。

【心靈建言】若目前有無法抉擇的事，可以廣納建言，多聽聽親友的建議，請他們提供意見，你將會有全新的觀點。多給自己一些空間，不必過於堅持己見，採取靈活的方式去達成目標。發揮創造力，便會有新的路徑出現，幫助你前進。順從、溫和的態度，是現在處理事情最不費力的方法，順應時勢的變化去做事，就可得到滿足與愉悅。保持彈性，在該順從的時候就順從，並協力配合他人，在該堅持自我主張時，就堅持不要讓步，當自己具有能力時就該挺身而出，不要過度謙虛，才不會與大好的發展機會失之交臂。

【運　　勢】目前有成功的機會，但力道稍嫌不夠，還要加緊努力、鍥而不舍，才能成就更大事業。機會來臨，須即時把握，當機立斷；若猶豫不決，未及時採取行動，就會錯失良機。運勢平順，能力所及的願望都能實現。自己能量不夠強，但有良好人際關係，能得貴人相助、逢凶化吉。謙虛、柔和、不強出頭、退居第二，只要跟對正直、有才幹的人，只管跟著走，就可以成功、立業。但是如果跟錯人、找錯靠山，被控制、帶領到錯誤的方向，後果將不堪設想，不可不慎。

【婚　　姻】可成。但是兩人個性太相像了，都是活潑、愛玩的類型，談戀愛時多采多姿、豐富、有趣，一旦結婚可能覺得陷入枯燥、乏味，而無法適應的情況。要相互體諒，保持耐性，調整心態，共同努力尋找新的生活模式，才能讓婚姻關係美滿、永續。

【戀　　愛】透過親友介紹會更順利。雙方節奏相當，很投緣，戀愛有機會成功。但兩人生性都貪玩、不穩定，相處久了會失去熱情，無法持久。雙方要彼此珍惜，不要心猿意馬、喜新厭舊，才能維持長久的甜蜜關係。

【生意買賣】重視人和，信守承諾，說到做到，才能取信對方，順利完成交易。若信口開河，承諾屢屢無法兌現，會讓對方打退堂鼓。如果能透過親友介紹、推薦，買賣成功機會更高。

【投　　資】小利益可成，大利益要再等待。盡可能別單打獨鬥，找親朋好友一起投資，獲利可望提高。

【考　　運】成績中上，再加把勁，成績會更好。

【求　　職】有機會，但要努力爭取，好工作不會自己送上門。如果能有親友、長輩推薦，成功機會更高。

58 兌為澤

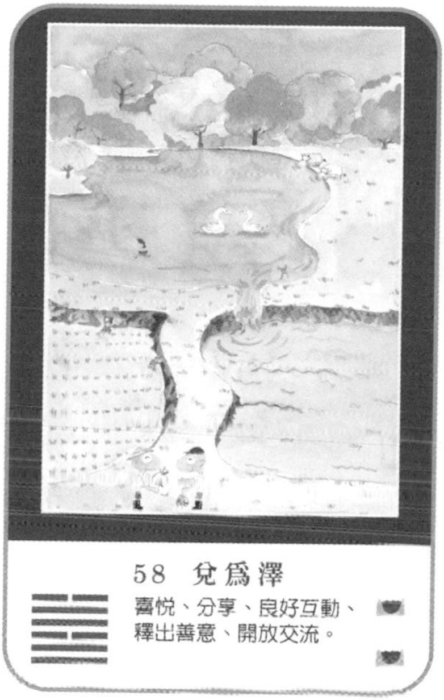
58 兌爲澤
喜悅、分享、良好互動、
釋出善意、開放交流。

吉

【卦　　象】兌代表澤、湖泊，湖泊可以滋養萬物，有喜悅、分享之意。從人際互動來看，內外卦皆爲兌，代表雙方皆喜悅相待，有分享之心。人與人相處能夠和顏悅色，善於分享，做什麼事都能得到他人的協助，一生容易成功。兌卦表示現在運勢非常順利，但要提醒自己別得意忘形，說話不經思考就脫口而出，容易得罪人而不自知，要慎防禍從口出。

如圖：兩個湖泊層層相疊，一片寧靜、美好，湖中養了魚、天鵝，湖泊的水還灌溉了旁邊的農地，農作物生長良好。湖水滋養生物、農作物，帶來了無限生機。漁夫和農夫高興地交換彼此的收穫，並將喜悅分享給對方。

【卦　　解】喜悅、分享、良好互動、釋出善意、開放交流。

【心靈建言】生活中擁有歡樂，可以感受幸福、美滿的喜悅。大家都敞開心胸，相互包容，彼此分享生命的歡笑，是很美好的，但要小心別快樂過頭了，養成放縱或任性的性格。所以，感性、享樂之餘還須注意節制、規範，安定、喜悅中容易鬆懈而警覺性不足，要時刻注意不可逾矩。

【運　　勢】運勢順暢、諸事大吉，但是運勢太平順了，反而會使人安於享樂，變得太隨性、怠惰，反遭致損害、失敗。居安要思維，「飽暖思淫慾」，太安逸、太平須的生活，反而使人變得貪婪，失去戰鬥力，無法面對艱難、挑戰，結果一事無成。此刻運勢佳，自己又有能力，要把握時機好好努力，願望大抵都可達成。千萬不可過度沉迷於感官享受，不知節制、自律，甚至有違法情事發生。更要注意禮貌，謹言慎行，才能避開口舌之災。

【婚　　姻】好姻緣，但雙方要好好珍惜，不然關係會冷卻下來。兩人個性太相近，都很重視享樂，但婚姻生活和戀愛階段不同，戀愛時多采多姿、新鮮又好玩，結婚後總要面對柴米油鹽醬醋茶，本來就有些單調，此時，心態一定要調整、昇華，相互體諒，攜手開創生命的另一個歷程，才能維持長期美滿關係。

【戀　　愛】有成功機會，但不能喜新厭舊，要知道珍惜，否則戀情很快就會結束。要謹慎、節制，才能杜絕桃色糾紛。

【生意買賣】可獲利。但是不能拿到好處就鬆懈了，要持續不斷努力才可以。掉以輕心、怠惰、不積極進取，很可能「煮熟鴨子飛了」，不可大意。

【投　　資】順利、可投資。但不能一賺錢就沉迷於歡樂，疏於進取。要專注投入、持續努力，才能保障獲利。

【考　　運】成績理想，但不可就此驕縱、怠惰，要繼續加油、持之以恆，不然成績會一落千丈。

【求　　職】運氣好，自己有實力，又得貴人相助，可謀得好職務。但千萬要持續努力，不可驕縱、懶惰，不然任職前會有變數，或是任職後會被解聘，不可不慎。

59 風水渙

吉

【卦　　象】外卦爲風，內卦爲水。風在上，水在下，水面被風吹起波浪，四處散逸，愈散愈遠，象徵著事物不斷起伏和變化。

如圖：主角乘坐小船在海中航行，強風吹拂海面激起浪花，船身隨時會有翻覆的危險，此時他靜下心來，停止划水，並讓小船順著風浪及海潮方向的轉變，並保持機敏，順勢前進，經能完全抵達陸地。寓意在海洋中航行如同人生，過程中必定會有風險、波折，只要能夠順應局勢，適時轉化自己的心境及做法，就能化險爲夷，帶領我們找到正確的方向。遇到走不通時，不妨轉變僵化、死板的觀念，運用創意，一定可以解決當下的問題，也許會有意想不到的收穫。

【卦　　解】變換、轉化。

【心靈建言】現在的態度是取決未來成功與否的關鍵，當舊有的秩序亂了，或是原來的生活模式不足以解決現存難題時，就是該轉換，建立新秩序的時刻。外在環境會一直變化，不順應時勢去調和、改變，就會錯失良機；相反，若能隨機應變，則能掌握機會，開創新局。要細心觀察誰才能帶給我們正面的影響，如何做才能讓我們快樂、成功，接著就多接觸這樣的人事物，才能帶來更好的生命轉化。

【運　　勢】運勢由低迷轉向活絡，是轉機之時，過去的逆勢、阻礙即將解除。氣運、狀況吉凶變化多端，是危機也是轉機。就像小船行駛在波濤洶湧的浪潮中，起伏不定、難以掌握，此時若能定下心來，抓住變化脈絡，勇往直前，必可逆勢突圍，開創新機。運氣開始好轉，但自身能力尚有不足，在待人處事上要更謹慎，切忌信口開河，要多求教於有實力的人相助，並且努力不懈、持之以恆，期待的願望大抵可以實現。如果掉以輕心、怠惰，不知進取，則可能迷失在汪洋大海中，處處危機。

【婚　　姻】對方個性多變、靈活，自己個性則多慮、多疑，個性差異大，一開始相處不易。但互動久了，相互學習、融合，自己漸漸感染到對方樂觀、開朗的習性，關係漸入佳境，幸福、美滿。

【戀　　愛】可成。但追求技巧要靈活，要投其所好，更要保持耐性，堅持到底，才能有成果。

【生意買賣】開始會有阻礙，只要多察言觀色，瞭解對方偏好、期待，重新調整策略、方法，可以有突破，交易可以順利談成。

【投　　資】市場起伏、變化大，要靜下心多方觀察，等到能掌握變動規律時，再進場投資。更重要的是要持之以恆、努力前進，不然只會做白工，錢財來了又失去，不如盡早放棄。

【考　　運】成績中上。可以改變一下讀書習慣，用更有趣、更有創意方式學習，成績會更理想。

【求　　職】要勤快些，多找幾個工作，能有不錯的收穫。如果沒耐性、半途而廢，會失去大好工作機會。應徵時，能保持靈活、彈性、變通，避免食古不化、墨守成規，可以更快尋得適合的職務。

60 水澤節

60 水澤節
受到節制、
失去調節功能；
宜學會自我調適的能力。

㐫

【卦　　象】外卦為水，內卦為澤。水在上，澤在下，如湖泊納水，要控制水量多寡，水量太多，則須洩洪，水量太少，湖水會乾涸，因此需要調節得宜，才能在需要用水時，發揮湖泊儲水的功能。從人際關係來看，外卦為水，代表對方正陷入困難、焦慮之中；內卦為澤，代表自己任性、不知節制，對方正陷落痛苦之中，自己還無理取鬧、需索無度，兩人關係必然不和諧。寓意雙方的互動不可任意要求、不知節制，否則會自討沒趣。

如圖：水庫蓄水過多，已超過標準值，若再下一場大雨，水量過多則會發生危險，因此必須實施分段洩洪，在危險未發生前，定時洩洪，調節水量多寡。寓意凡事需要有所節度，不能爲了過度的慾望而失了分寸，避免超出限度，才不會導致生活拮据。所以，適當的節制，進退有據、量力而爲，才能確保長久安樂。

【卦　　解】受到節制、失去調節功能；宜學會自我調適的能力。

【心靈建言】規矩是必要的，倘若世界缺乏紀律與規範，人人任意妄爲，人類社會將呈現一片混亂。節制是必要的，如同水庫的正常使用，要注意調節水量：水量超過警戒線時，須及時洩洪，水庫才不至於超載；若乾旱發生，缺水時，也必須有所節制，按區域定時送水，才不會發生嚴重缺水。若人們的行爲不能有所節制，就像小孩在玩危險的遊戲，不及時制止，將會發生意外。不過，慾望是人類生存的本能，沒有了慾求，人便會失去奮鬥的目標，變得萎靡不振。可是慾望之門大開，毫無節制，終將自掘墳墓。要明白，循規蹈矩很重要，但不可矯枉過正，該節制時就要節制，該放鬆就放鬆，節制並不是要捆住自己手腳，守規矩是爲了取得大眾更多的自由，不是讓自己被綁住、無法伸展。只要不去侵犯他人或是違法，只要抓住重點及大方向的規範已足，限制才不會壓迫你，還會使我們更成熟、更自在。

【運　　勢】時不我與，運運未通。此時阻礙多，不管是人際拓展、工作、投資、交易、言行都要嚴守本分，不可太任性，要知足常樂，不可有非分之想。任何事都要三思而後行，不逾矩、不標新立異，不急躁、不貿然行事，才不會遭致傷害，陷入困境和麻煩之中。運勢起伏、高低是正常的，目前不順暢，但只要耐心等待，自可時來運轉。與其埋怨現在諸事不順，不如好好充電、補強實力，千萬別自暴自棄、自怨自艾，反而讓自己更痛苦，更容易帶來失敗。

【婚　　姻】自己個性稍嫌任性，加上對方個性多慮、猶豫不決，兩人相處不和諧。建議多觀察一段時間，增加彼此的瞭解和互信，再考慮是否論及婚嫁。

【戀　　愛】對象、時間點都不宜，成功機會不大。

【生意買賣】條件尚未成熟，要再等待時機。

【投　　資】目前機運不佳，要提醒自己節制，才不會投入的資金無法回收。

【考　　運】成績不理想。社交生活、玩樂要節制，雜念、外務太多，功課自然退步，要下功夫學習，成績才會愈來愈好。

【求　　職】時機不對，一般性工作還可以找到，若要自己滿意的好工作，要再耐心等待。

61 風澤中孚

61 風澤中孚
心中有誠信、
敏銳洞察力、以誠相待。

㊐吉

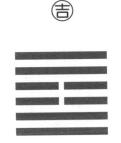

【卦　　象】外卦爲風，內卦爲澤。風在上，澤在下，風吹過平靜的湖面，水面順著風向產生漣漪，有配合、共鳴之象。寓意人與人之間以誠相待、心悅誠服，以互信爲基礎，攜手努力，可以順利完成共同任務。

如圖：兩人在湖上泛舟，男主角在前方指引航行方向，另一位同伴努力划水，雙方彼此信任，誠心誠意合作，一同達成目標。寓意我們若以誠待人，必然得到他人的支持，心中若有誠信，便可以加速推動事業發展，因此態度決定你未來是否能夠成功。

【卦　　解】心中有誠信、敏銳洞察力、以誠相待。

【心靈建言】你如何待人，別人也將如何對待你；相信別人，就可以得到他人的信任；付出了愛與信任，我們將得到無比溫暖。當我們爲人眞實無欺、不虛僞、不自私、至情至性，別人也會產生共鳴，信任、支持你。當我們把心扉打開，才能和他人的心靈交流，感受幸福、自在的感覺。

【運　　勢】運勢好壞端看自己的人際關係是否良好。待人處事若能誠懇、虛心，可以得到他人的支持、協助，運勢逐步開展；如果心術不正、不循正道而行，則運勢停滯，得不到貴人扶持。既然運勢順逆取決於人際關係，就要投入時間好好經營，多採納、參考他人意見，別自作聰明、故步自封。誠心誠意與人合作，願望可實現，心懷不軌，必遭致失敗。

【婚　　姻】自己願意與對方分享喜悅，對方性情溫和、服順，兩人相處充滿歡樂，大作之合。

【戀　　愛】誠心誠意對待彼此，可談一場好戀情。雙方投緣、有共鳴，交往順利、充滿喜悅。

【生意買賣】秉持誠信原則合作互惠，交易順利、雙贏。

【投　　資】以誠懇、務實態度投資，有收穫。能與人同心協力，合作投資，成果更豐碩。

【考　　運】自己努力讀書，考運也不錯，如果可以和志同道合朋友一起準備考試，成績會很理想。

【求　　職】可得貴人提攜，以誠懇、務實的態度求職，可順利謀求適當工作機會。

62 雷山小過

62 雷山小過
小過錯、小小的過分，
宜學習改正錯誤。

凶

【卦　　象】外卦爲雷，內卦爲山。雷在上，山在下，雷打在遠山，與平地有一段距離，雖在山上聲響很大，但傳到平地時，雷聲並不響亮，也不會驚嚇到人，所以說只是「小過」而已。

如圖：男主角正在整理盆栽，雷打在遠處山上，聲響並不大，但在雷震中讓他有些分心，不小心將盆栽摔落至樓下，此時剛好有人經過，盆栽差一點砸到路人，分神讓他犯下過錯，雖然過失不大，並未造成傷害，但還是須謹慎才好。寓意在震驚、急躁中容易出錯，須小心冷靜行事，紮實做好每件小事，則可避免大錯誤的發生。

【卦　　解】小過錯、小小的過分，宜學習改正錯誤。

【心靈建言】在追求自我實現的過程中，目標訂太高或太多，力量容易分散，反而無法順利達成任務。追求太遠大目標，莽撞向前行，沒有謹慎估評風險，不自量力，會使自己面臨危險。要學習切合實際，訂定可行的目標，執行時要能抓重點，簡化做法，放緩腳步、穩紮穩打才可能成功。行動中犯點小過錯無妨，但要能及時修正錯誤，才不至於釀成大禍、大過錯，記取小錯誤的教訓，將使未來的事情發展更好。

【運　　勢】運勢差、不順暢，常有小麻煩、小意外，但無大災害。時運不佳、自身能力又嫌不足，要有自知之明，行事要量力而為，別太激進、別衝過頭，安守本分，不逾越，做事不要太超過，才不會惹禍上身。實力未強之前，就要好好充電，行事低調，要向前輩請益、求教，別獨斷獨行。要謹言慎行，別急於出頭，更別逞英雄，或是多管閒事，與人爭吵，會帶來損害。努力去做，但別強出風頭，小願望會實現，大願望則要再等待，別心急。

【婚　　姻】自己個性較保守、穩定，對方性格較急躁、不安分，兩人沒有交集，相處易生摩擦、衝突，是否論及婚嫁，還要多加考慮為宜。

【戀　　愛】兩人感情忽冷忽熱，時常起爭執，戀愛不順利。

【生意買賣】小損失。急於成交，利潤估算錯誤，會賠錢。

【**投　　資**】別強求。時機不對，有損失。節流開源比更重要，再等待時機，別貿然投入，可防止破財。

【**考　　運**】準備不夠，太有自信，掉以輕心，加上考運不佳，考試成績不理想。

【**求　　職**】時運不濟，缺乏貴人相助，工作無望。若能壓低姿態，應徵時保持謙虛，也許有機會找到工作，但算不上是最好、最滿意的工作。

63 水火既濟

63 水火既濟
已完成、先盛後衰、好運已終止；宜學習如何維持最佳狀態。

凶

【卦　　象】外卦爲水，內卦爲火。水在上，火在下，火在水下燃燒，生水煮沸即可飲用，表示一件事情已完成。既濟卦的意義是「已完成」任務，該是一件好事，爲何不是大吉之卦？因爲當一個人有奮鬥目標時，爲了實踐它，要吃再多的苦頭，也會無怨無悔。一旦任務完成，人反而會因爲沒有了努力方向而顯得鬆懈、怠惰。「已完成」就表示事態將由頂端開始走下坡了，所以是凶卦。

如圖：美麗的森林突然發生大火，人們忙於取水撲滅大火。此時，一場及時大雨，迅速將火熄滅。但因火勢太大、延燒太久，森林幾乎已被燒盡，剩下的僅是殘枝枯木。滅火的任務雖然完成，但男主角身心俱疲力氣已耗盡，綠意盎然的森林也燒毀了，頓時陷入一片消沉、無助。火水既濟卦表示任務完成，頓時失去了奮鬥的目標，人開始變得意志消沉，運勢將要走下坡。圖中男主角雖身心疲憊，但不能就此鬆懈，稍做休息之後，要重整旗鼓，爲重建綠意盎然的森林而努力。

【卦　　解】已完成、先盛後衰、好運已終止；宜學習如何維持最佳狀態。

【心靈建言】當我們成就了生命中的一些事，目標達成了，就該品味成功的喜悅、幸福感。就像經過一番努力，終於爬到了山頂，立於山巓之上，就要好好享受清新空氣，放空自己，眺望山下美景，付出的每一分努力都得到了回報。但此時不宜完全鬆懈，因天色已晚，還需保留一些體力才能下山，所以稍做休息，待體力恢復時，再走回山下。寓意在取得成就時，要懂得保持能量，準備下一場挑戰。在任務完成或熟悉的環境下，容易因平順而失去警覺，疏忽、掉以輕心的結果，必定帶來災難。本卦警戒人們應居安思危，防患於未然。

【運　　勢】由強轉弱、由盛轉衰，氣運開始下滑，過去氣勢旺盛，任務、目標都順利達成了，感覺上未來還是會一片大好，其實已到強弩之末，欲振乏力。此時，不可再過度樂觀、野心勃勃，要節制、三思而後行，要清心寡慾，明哲才能保身。如果不察運勢變化，依然驕縱怠慢，不知謹言愼行，將遭致損害。看來願望會實現，其實好運已打住，期待難以達成。

【婚　　姻】對方個性多慮、喜猜疑，自己的脾氣又太火爆，剛開始雙方還能吸引彼此，時間一久爭吵不斷，個性不合，關係會漸漸冷淡。除非雙方都能下定決心改善，相互尊重、學習和包容，才有機會幸福、美滿。

【戀　　愛】開始順利，但因不知珍惜，太自我，無法體諒和包容對方，終將會失敗。

【生意買賣】一開始合作順利，但漸漸會發現雙方期待差距大，會功敗垂成。

【投　　資】景氣由好轉壞，投資利潤有限，但風險增高，最好再觀望一段時間，別貿然投入。

【考　　運】成績不理想，一路下滑。過去成績優異，但未來會每況愈下，不要因爲過去成績好就自滿，要繼續努力才能補救。

【求　　職】時機不對，一開始覺得機會很多，但一個也沒應徵上，暫時沒有好的工作機會，要耐心再等待。

64 火水未濟

64 火水未濟
不確定的未來、未完成、
有新希望、危機就是轉機
、最壞的已經過去了。

吉

【卦　　象】外卦爲火，內卦爲水。火在上，水在下，火在上面燒，水在下面流動，兩不相干，沒有交集，表示彼此沒有交流、尚未完成共同目標。就人際關係而論，外卦爲火，代表對方有智慧、熱情、外向；內卦爲水，代表自己焦慮、不安、內向，雙方性格迥異、思考模式剛好相反，一開始相處不易，但日子久了，相互影響、學習，會激盪出愈來愈多的新奇創意。

如圖：大火延燒整個船身，男主角如不緊急跳船求生，必死無疑。跳船雖然生死未卜，但惟有跳下船才有獲救的機會。此卦表示事情尙未完成，不清楚未來會發生什麼變化，吉凶未定，可能面對危機四伏的處境，也可能蘊含無限契機。面對不可知的未來，難免感到不安與惶恐，只要勇敢挑戰困難與變局，掌握現有的機會或優勢，活用想像力，做一些努力和改變，一定可以開創新局。

【卦　　解】不確定的未來、未完成、有新希望、危機就是轉機、最壞的已經過去了。

【心靈建言】事情進展至一半，雖有成功的希望，但前景不明，放棄有些可惜，左右爲難。過度擔心會讓自己無所適從，現在處在一個轉捩點，雖無法保證會帶領你走向哪裡，但只有一直走下去，就會找到答案。現在無從應對，也無法決定下一步怎麼走，只有耐心觀察狀況變化，保持穩定，自然會明白如何調整自己來完成任務。人世間、萬物從來沒有終止的時候，一個事件結束，另一個事件就開始。冬天過去了，春天隨後就到來，新舊、生死、得失交替更換，循環不已。危安、成敗交叉變化是自然現象，別排斥、別畏懼，要全然接受。不要害怕改變，改變的同時就會出現新的契機，不改變可能就永遠沒有機會。

【運　　勢】由逆轉順，雖然現在諸事不吉，有阻礙、困頓、心情鬱悶，但一切的不如意就要過去，運勢開始要由谷底漸漸轉向亨通，黑暗到了盡頭，黎明就要來臨。此時要耐心等待、堅忍不拔，沉著、努力，要想像未來會有好的變化、發展，自己無論如何要咬緊牙關撐下去，必能等到撥雲見日之時。如果因爲眼前困難、挫敗就灰心喪志，不知精進，將無法獲得最後的成功。

【婚　　姻】一開始有阻礙，最終有好的結果。自己個性多憂慮、不安、雜念很多，對方則個性積極、有勇氣，雙方個性迥異，節奏、思維模式都剛好相反，一開始相處不易，但日子久了，相互影響，自己會變得更有行動力、充滿活力。

【戀　　愛】初期有阻礙，但只要誠心、不斷努力追求，不輕言放棄，終可「峰迴路轉，柳暗花明又一村」，抱得美人歸。

【生意買賣】初期不順暢，雙方期待差距大，但只要努力不輟，面對難關、排除障礙、努力經營，最終可順利成交。

【投　　資】剛開始看不到利益，若耐心、沉著等待下去，會有收穫。但是如果手頭上現金不夠，急於獲利周轉時，則不宜投入。

【考　　運】成績中上。雖然自己沒把握，競爭對手實力又堅強，但只要用功準備，放鬆心情應考，成績出乎意料的好。

【求　　職】暫時機會不大，但能稟持著堅毅、努力不懈的態度，持續找尋工作，可以意外獲得理想職務。

後記

人生問題的解答書

人們學習《易經》哲理，運用其智慧就可以正確認識和處理變幻莫測的人生困境。博大精深的《易經》哲學蘊涵了大千世界的宇宙真相，在陰陽的對立統一、「1」與「0」的無限交叉組合之中，孕育著人類完美、協調的智慧。

大千世界瞬息萬變的美，才能讓人類的生活如此豐富多彩、千姿百態。如果動物園只有單一動物、遊樂場裏只有單一遊戲、餐桌上只有單一食物……面對的都是千篇一律的臉孔、景物、文化……，人生還有何樂趣和意義？

生活的現實變化無常，反映出宇宙萬物的演進與變化。宇宙中沒有任何東西是永恆不變的。社會結構、規範制度、企業社團、個人生涯……，無一不隨著時空的變幻而變化，沒有一分一秒靜止與停頓。

生命就是不斷面對變化與困難，並竭盡全力去尋求解決困難的辦法。在解決困難的過程中，我們的智慧、才幹與勇氣得以增長，並愉快地享受成功的喜悅與自由。生活環境不斷在變遷，困難一個接一個，職務升遷、人際互動、家庭關係、身心健康等等，都帶給我們新的問題和困難，沮喪、焦慮、挫折、無力感會接踵而至。從易經智慧看來，這些都非壞事，反之，它們培養了我們的能力，鍛鍊我們的意志，讓我們快速成長起來。在面對和克服困難之中，我們更加瞭解了我們生活的這個變幻莫測的世界，也讓我們可以深切體會到變化無常的世界帶給我們的樂趣，培養了我們與這個世界共同成長的勇氣和力量。

人們在認識和處理人生的各種問題與困難中成長、成熟。人類需要不斷學習與實踐，累積智慧與經驗，以解決和處理面臨的問題與困難。只有在面對人、事、物變化，在適應不同的環境中，人們才能得到成長。「１」與「０」組成宇宙，生化爲四象、八卦、六十四卦……以至無限，每種狀況都有存在的理由，從其中，我們可以品味其正、反變化的樂趣與經驗，無須排斥或執著於某一規劃的固定境遇與結果，也就不必因期待落空或遭受挫折。遇到的任何東西，無論好壞、善惡、美醜……統統都是美好的體驗，人生的任何際遇都須認眞面對、主動出擊、堅持到底，才能順應變化無常的環境，因勢利導，駕馭人生。易經的智慧是：與其逃避問題，不如強化戰力；畏懼困境，不如努力戰勝。

面對主客觀環境與人事物的起伏變化，無須擔憂、害怕、恐懼。幸與不幸都是福，都是人生必要和美好的一個環節而已。無須在意一般人界定的不幸與失敗，正確的態度應當是勇敢面對，冷靜思考，找到解決的方法，讓事情向好的方面發展，最後逢凶化吉、轉危爲安。從生活中學習和汲取寶貴的經驗，不斷進化成長，讓自己更加專精、自信，在經歷挫敗與磨練中接受洗禮，在遭逢逆勢中學習更高超的應變力、調和力與執行力，奠定起自己成功、美滿的人生根基。

人生就是在數位（１與０，順與逆，成與敗）交叉變化的世界中成長、感受、創造和滿足生命的過程。如逃避困難，對不幸的遭遇抱持著逃避的心理，將會讓自己愈來愈脆弱。在學習易經的陰陽、萬物、人生皆是美好的原理之後，就不會強求所謂「好」與「不好」的區分，懂得只有差異、豐富與多元的區別而已。如此，我們才能隨著時空環境變化，品嚐不同生命階段的驚奇，並得到成長。

能夠深刻理解易經智慧，善於學習易經原理，面對生活逆阻和實踐信念的人，才可以在驚濤駭浪的人生中增長智慧，獲得最後的幸福與自由。每經一項挫敗，就能增長一智，適應力增強一分。不同的境遇（卦）蘊含著不同的心得和見地，我們在學習與認識易經的過程，心智定會更加成熟、豐富，分析、判斷力更加強，生命也會更加充實與豐收。

《易經》的眞正價值在闡述大自然的奧祕，陰陽的起伏和順逆的消長變化，並引導人們樂在其中。易經的道理不是要教導我們趨吉避凶，而是要坦然面對生命的全部。因爲既趨不了吉，也避不了凶，吉凶來來去去，求之不可得，去了也挽回不了。這是自然而然、客觀存在的事實。該來的會來，該去的會走。人無須刻意趨吉，更不需要避害，不用在乎吉事之不來，凶事之不去，反之，應當關注的是：自己是否已盡了全力做事？是否已有牢牢把握住機會的能力？是否有勇氣面對威脅，並與之抗衡到底的決心？

吉凶福禍總是反覆交替，對立又相生，是衝突又和諧的。好運常是噩耗的開始，失敗蘊藏著成功的先機；黑暗之後是黎明來臨，白天之後是黑夜。日月、陰陽、四季變遷、萬物無一不證明一項眞理：相生相剋、福禍相依。如果明白失敗爲成功之母，順境可能帶來另一個更大的災害；如果明白避開凶險，也可能同時錯失良機，你還會選擇刻意趨吉避凶嗎？不用管它是吉還是凶，只須堅定決心、堅毅、不斷努力，就能突破萬難，化危機爲轉機。只要下定決心、全力以赴，「吉」還是「吉」，而「凶」也將轉變爲「吉」。

大自然決定陰陽、順逆，人們無法改變它。人們須做得應該是經由易理的體悟，瞭解「天行健，君子以自強不息」的精神，學習如何讓自己更加強大、勇敢。只要努力、堅毅不拔、鍥而不舍就一定能成功，而不是天天求神問卜，找尋百分之百的好運。自然變化是一種因果律，不該是你的也強求不來，即便拿到了也要歸還，畢竟天底下沒有不勞而獲的事。

《易經》的智慧是希望所有人學習「全然接受」。《易經》中的六十四個卦，代表人生有六十四種際遇、角色。假設每個人都有六十四次輪迴的機會，每次都經歷不同的生活形態，你可能是達官貴人或是販夫走卒，你也可能是將軍、政治人物、富豪、藝術家，但無論你是什麼身分，都要學會樂在其中，盡力做到最好。每個人都有機緣品嚐各式風貌的生活，但大家似乎都忘記了，只想做有錢、有權、有勢、有名望的人，辜負大自然給予人們享受各種不同生活的樂趣。

即使今生今世窮困潦倒，沒錢沒名、沒身分都無妨，就算是乞丐也好，都要去體驗它的酸甜苦辣，就算乞丐也要當「最認眞」的乞丐。秉持著認眞、投入的心態，當輪到你顯達的機會降臨時，你會有一番大作爲。如果你迴避逆境、落魄的際遇，你將不會有足夠能力去擔當大事。一切事物是相互影響的，任何卑微、窮困都會是你成功的墊腳石。鄙視自己，羨慕他人，不斷和別人比較財富、聲譽、權勢，而忘了自己本質的人是無法有大成就的。人生不論只有一生或數世，都無所謂，重要的你是否認眞、投入。人生就像玩橋牌、打麻將，不管牌的好壞，你都得盡力去打。如果壞牌就不打，你將永遠等不到好牌，就算等到了好牌，沒有了壞牌的訓練機會，你也永遠贏不了的。人生也如打牌，不知勇敢面對人生順逆的人，老天爺給他再好的命運也是枉然。

變幻莫測的生命讓人有不安、惶恐之感，讓人害怕、逃避、抗拒、排斥、不願接納，如果可以改變想法、心境，逆向思考、逆風而行，一改過去執著的觀念，因勢利導，勇敢面對一切困境、折磨，冒險犯難，必定可以解決所有難關。並在過程中不斷茁壯，由畏懼不可知的未來，轉變爲樂在不可知的神祕世界，每天都會是充滿驚奇的生命之旅。

一步一腳印，你所經歷、遭遇的人生起伏都有它的正面意義，不論順逆、好壞，都會帶來一些機會與歷練。每個人都有他必須經歷的人生，無論你是喜悅還是痛苦，想或是不想面對的事物，它都會爲你帶來寶貴教訓和成長。每一個痛苦都代表你潛藏的弱點，你擔心、害怕、想逃避的人事物，只要勇敢面對、克服痛苦，就能成熟和超越過去。人生每個階段都有難題需要去突破、調適，只要肯努力學習、精進，就能排除萬難，終有一天宇宙、人生中所有難題、困境都將不再束縛我們，那個時候才是眞自在、眞逍遙。

人生注定要在逆境中成長，才能活出自己所有潛能，讓自己發光發熱。勇敢面對自己的機緣，遭遇愈多困阻，得到愈多智慧、勇氣、毅力和幸福；人生道路上無論得失、成敗、順逆都是我們該經歷、承擔和學習的，一定要欣然接受，認眞地生活在每一天。

每個人都可以徜徉在《易經》的大智慧中，領悟到自我成長的喜悅，拓展幸福、快樂的美好人生。

國家圖書館出版品預行編目資料

超簡單的圖像易經／張易, 佘屏鳳著. --初版.--
臺中市：白象文化事業有限公司，2024.7
面； 公分.
ISBN 978-626-364-362-8（平裝）
1.CST: 易占
292.1 113006360

超簡單的圖像易經

作　　者　張易、佘屏鳳
校　　對　張易、佘屏鳳
發 行 人　張輝潭
出版發行　白象文化事業有限公司
412 台中市大里區科技路 1 號 8 樓之 2（台中軟體園區）
出版專線：（04）2496-5995　傳真：（04）2496-9901
401 台中市東區和平街 228 巷 44 號（經銷部）
購書專線：（04）2220-8589　傳真：（04）2220-8505
出版編印　林榮威、陳逸儒、黃麗穎、水邊、陳媁婷、李婕、林金郎
設計創意　張禮南、何佳諠
經紀企劃　張輝潭、徐錦淳、林尉儒
經銷推廣　李莉吟、莊博亞、劉育姍、林政泓
行銷宣傳　黃姿虹、沈若瑜
營運管理　曾千熏、羅禎琳
印　　刷　基盛印刷工場
初版一刷　2024 年 7 月
定　　價　350 元